はじめに

　私たちは生まれてからこの方、様々な選択に迫られてきました。幼稚園や保育園への入園、小中学校への入学などは、自分の意思ではないかもしれませんが、大学の選択、就活、結婚、そして住宅の購入など、様々な選択があり、その結果、今の「あなた」ができあがっているといっても過言ではありません。

　これらの選択が終わった今でも、選択する機会は尽きません。週末はどこに行こうか、仕事の優先順位はどうしようか、などです。ベストの選択をするために、最適な方法はないものでしょうか。これらの課題にヒントを与えてくれるのが本書で紹介するゲーム理論とマッチング理論です。

　ゲームやマッチングの理論は、あくまでも理論上のお話でアイデアとしては面白いけれども、実際には十分でないと思うかもしれません。しかし、近年では制度上の細かいところもゲーム理論を使い分析し、その結果が市場設計の指針になっています。その技術をしっかり認識せずに使うと、間違った仕組みができあがってしまうかもしれません。本書では、マッチング市場の設計の核となる技術をできるだけ分かりやすく解説しています。

本書は、マッチング理論の実践を念頭に置いているため、まず第1章で、制度設計の基本的な考え方を紹介します。制度設計を考える際には、その目的が素晴らしくても、想定していたように人々が行動しないと、当初の目的が達成されません。そこで、第2章と第3章で、人々がどのように行動するかを説明するゲーム理論の基本的な考え方を紹介します。ゲーム理論の考え方を使い、第4章と第5章でマッチング理論を紹介し、それらの章の終わりで、様々な市場の実践例を取り上げます。

　慶應義塾大学の門倉駿君、鈴木彩花君、塚本稜君、野田寛人君、長谷川蒼君、花里僚太君、四倉拓馬君、渡邊賢太郎君には最終稿を細かくチェックしてもらいました。また、熊野太郎氏（横浜国立大学）にはトピックについてコメントを頂きました。また、日本経済新聞出版社の細谷和彦氏に大変お世話になりました。彼の協力がなければ本書は誕生していません。最後に、私が研究者として生き残れたのは、両親（繁盛・愛子）、義理の両親（大西清治・和子）のサポートのおかげです。深く感謝いたします。

2019年9月　　　　　　　　　　　　　　　栗野　盛光

ゲーム理論とマッチング　目次

第1章
なぜゲーム理論の考え方が重要か　11

1　インセンティブの観点から市場デザインを考える　12

ルール
インセンティブの重要性
市場デザインとは
効率性・公平性・インセンティブ

2　協力ゲームと非協力ゲーム　19

3　マッチング市場とデザイン　21

就活市場
二部マッチング市場
配分マッチング市場
マッチング・マーケットデザイン

第2章 非協力ゲーム理論
——個人のインセンティブ　27

1 個人の意思決定　28

　　数学的基礎：集合と関数
　　選択が確実な場合の意思決定
　　選択が不確実なときはどうなるか

2 戦略形ゲーム　34

　　ゲームの例：一方向連絡のみの男女の争い
　　ゲームの例：無連絡の男女の争い
　　戦略形ゲームの定式化
　　ナッシュ均衡とは
　　支配戦略均衡：囚人のジレンマを例に

3 展開形ゲーム　49

　　例：レディーファースト：男女の争いの変形
　　ゲームの木
　　展開形ゲームの戦略
　　ナッシュ均衡：
　　戦略形ゲームへの変換と信憑性のない脅し
　　先読み推論：バックワード・インダクション
　　部分ゲーム完全均衡

4 不完備情報ゲーム　68

　　例：融資の駆け引き
　　私的情報と公的情報
　　ベイジアン均衡

第3章 協力ゲーム理論
——集団のインセンティブ 75

1. 協力ゲーム理論 76
2. 提携形ゲーム 77
    配分の実現可能性、個人合理性とパレート効率性
3. コア：集団のインセンティブ 86
    コアの問題点
4. シャプレイ値 90

第4章 二部マッチング市場 93

1. 二部マッチング市場の分類 94
2. 一対一マッチング：結婚市場 97
    マッチング
    個人合理的なマッチング
    安定的なマッチングとコア
    パレート効率性
    DAアルゴリズムと安定マッチングの存在
    DAマッチングの異性間の意見の対立
    メカニズム
    メカニズムの性質：安定性とインセンティブ
    DAメカニズムのインセンティブ性質
3. 多対一マッチング市場 126
    就活市場
    一対一マッチング市場から拡張できる概念
    一対一マッチング市場から拡張できない結果

4 実際の市場 133

　　伝統的な市場：コモディティ市場
　　市場が機能するために必要なこと
　　マッチング市場の4つのステージ
　　ステージ1：分権的市場での採用活動の早期化
　　　　　　　（青田買い）
　　ステージ2：採用活動時期に関するルールの実施
　　ステージ3：集権的メカニズムの運用
　　ステージ4：集権的メカニズム実施前の青田買い
　　研修医マッチング市場
　　大学における研究室・ゼミ配属
　　日本の大学新卒一括市場
　　モビリティサービス市場

第5章　配分マッチング市場　149

1 配分マッチング市場とは 150
2 一対一配分マッチング市場 153

　　マッチング
　　財の所有権
　　パレート効率性
　　メカニズム
　　優先順序メカニズム：共同所有下での市場
　　TTCメカニズム：私的所有下での市場
　　公平性を目指す確率的メカニズム

3 多対一配分マッチング市場 176

　　多対一マッチング市場
　　一対一配分マッチング市場から拡張できる概念
　　多対一配分マッチング市場で登場する新しい性質

4 優先順序付き多対一配分マッチング市場：学校選択問題 182

> 公平性と安定性
> 多対一マッチングにおける二部マッチング市場と配分マッチング市場との違い
> ボストンメカニズム（受入即決メカニズム）
> DAメカニズム（受入保留メカニズム）
> TTCメカニズム（最良交換サイクルメカニズム）

5 実際のマッチング市場 202

> 実践に向けて
> 公立学校選択
> 保育園マッチング
> 高校・大学入試マッチング
> 大学系列高校における進学先決定
> 大学内での進学選択
> 公共住宅・新築分譲マンションの配分
> イベントのチケットの販売：転売の可能性
> 臓器移植

参考文献 216

第1章 なぜゲーム理論の考え方が重要か

1 インセンティブの観点から市場デザインを考える

ルール

私たちの社会は、ルールによって成り立っています。ここでのルールは、幅広い意味で使っていて、明文化されているものや、文化や慣習として皆が従う明文化されていないものもあります。例えば、前者として、法律、制度、会社内での報酬や手当の与え方、大学の授業への出席を促すルールがあります。後者としては、エスカレータでの立ち位置、挨拶時の会釈や握手などがあります。明文化されているかどうかは、具体的な状況によります。

会社員ならば、何時に出社して、どの仕事を優先して、ランチを何時に取り、何時に退社するかなど一連の行動の一つ一つにルールがあります。

私たちは、このようにルールに囲まれて生活し、場面場面でどのように行動するかを決めています。それは習慣のときもあるし、熟慮して決めることもあります。このような意思決定の場面で、どのような行動を取るべきかは、ゲーム理論の考え方が役に立ちます。

インセンティブの重要性

このような意思決定では、_インセンティブ_という概念が非常に重要になります。インセンティブとは、大

辞泉によると、「やる気を起こさせるような刺激」のことです。例えば、選択肢が二つ（AとB）あって、あなたはBよりもAを選びたいと思っているとします。このとき、あなたは選択肢Aを取るインセンティブがある、選択肢Bを取るインセンティブはないというふうに、インセンティブという用語を使います。私たちがある行動を取るというのは、その行動を選ぶインセンティブがあったからとも言えます。

　私たちが何かを決めないといけないという意思決定の場面に直面したとき、まずどのようなルールになっているかを考え、そのルールの下でどのような選択肢があるかを考えるでしょう。このような選択肢のことを、特にゲーム理論では戦略と呼びます。私たちが直面する意思決定の場面では、他の人がどのように行動しようとも、自分には関係なく、自由に選べることもあります。このような場面での意思決定を、「個人の意思決定」と呼びます。

　例えば、1000円を持って、リンゴを買いにスーパーに行ったときを想像してみましょう。そこでは、大量のリンゴが山積みになっており、その値段が書いてあるとします。リンゴ1個200円としましょう。そのとき自分の予算から買えるリンゴは、5個までです。ここでは、何個買うかが戦略または選択肢になります。大量にあるので、他の人が買い占めて何も買えないということはありません。このような意思決定が個

人の意思決定です。

　しかし、このように自分の事情だけを考えてよい場面は多いとは言えません。例えば、大学入試で、あなたの希望する大学二つが同じ日に入学試験をするとします。大学Aは昔から人気ですが、大学Bは学部改組により不人気を克服しようとしています。あなたは、他の受験生の動向を予想しながら、自分の出願大学を決めないといけません。例えば、「大学Aは人気だが、大学Bに受験生が流れそうだ。だから、大学Aに出願しよう」、あるいは「自分とは違って、多くの受験生は大学Bをそれほど魅力的と感じないはずで、大学Bは入りやすいはずだ。大学Bに出願しよう」などと考えます。このとき、あなたはゲーム理論が想定するような戦略的環境にいることになります。その環境とは、自分の戦略が、他の人の取る戦略によって異なる結果になるようなものです。

　あるルールの下では、それに応じた戦略的環境としてのゲームが決まります。ここでは、単に、自分の戦略行動の結果は、他の人の戦略行動から影響を受けるような環境をゲームと呼ぶことにします。ゲーム理論の分析は、その戦略環境に応じて、人々がどのような行動を取るかを予測する解概念（考え方）により行われます。ゲームは、非協力ゲームと協力ゲーム（後述）に分けられます。また、特定の環境に応じてさらに分けられます。本書の前半では、インセンティブと

いう言葉を軸に、ゲーム理論を直感的に理解することを目標にします。

市場デザインとは

経済学では、伝統的に市場という言葉を、価格を通じて財を売買する抽象的な場として考えていました。近年、この市場の概念を大きく広げ、ある財を提供したい人とそれを欲する人が出会い、財を交換する場として再定義しています。

価格が存在しないような市場も含みます。分かりやすい例は、腎臓移植市場です。世界のほぼすべての国で臓器の売買は違法であり、臓器に価格はついていませんが、提供したい人（脳死ドナーと生体ドナー）がいて、一方で、移植でしか助からない患者（レシピエント）がいます。臓器に対して市場という言葉を使うのはためらいがあるかもしれませんが、市場という言葉を使うことにより、より統一的な視点での分析が可能になるメリットがあります。

他の例として、大学入試マッチング市場があります。教育サービスを提供したい大学と教育を受けたい受験生がいます。大学には、物理的に受け入れられる学生数の上限として定員があり、入学を希望するすべての学生を受け入れることはできません。確かに、大学には授業料という価格がありますが、国立大学と私立大学で差はあるものの、それぞれでの差はそれほど

大きくありません。よって、伝統的な市場では需要と供給は価格が調整されて一致すると考えますが、人気のある大学、例えば東京大学や慶應義塾大学などの授業料を上げることで、入学者を決めるというのは社会的に認められません。このような価格がないような市場でも、その需給の一致が望ましくなるようにルールを決めるのが市場のデザインです。

効率性・公平性・インセンティブ

このような広い意味での市場は様々で、ありとあらゆる財とサービスが対象になり、一般に社会制度も市場として捉えることができます。このような市場でルールが望ましいか否かを判断する基準として、経済学者は常に公平性、効率性、インセンティブ構造の三つを用います。経済学者が新聞や雑誌などでよく制度の是非を議論しますが、その議論は、この三つの基準に基づいています。市場ルールの改革が叫ばれる場合は、私の経験上、まず公平性における問題が原因になっていることが多く、その次に効率性が問題になります。そして、最後によく忘れられる（知らないのかもしれない）のがインセンティブの問題です。

私は、オランダのマーストリヒト大学で助教として働いている際に、娘が毎週土曜日に通うマーストリヒト日本語補習校で（人材不足のため）理事と先生をしていました。補習校の運営は保護者のボランティアに

頼っており、保護者は主に、借りている校舎の戸締まり、図書の貸し出し、掃除などをしていました。理事として参加した保護者会で議題として上ったのが、ボランティアの仕事の割り当てでした。仕事によって負担量が大きく違っており、その当時のルールは、最初に決めた仕事を一年間行うというものでした。ある親（実は私の家内）が、負担が不公平なので、月単位で交代すべきだと主張しました。全保護者がその提案に同意し、ルールが改正されました。これが典型的な公平性によるルールの変更です。

　また、大まかに言うと、無駄で役に立たないことを非効率的と言います。これ以上、無駄がないことが効率的です。例えば、役所の単年度主義があります。会計年度ごとに予算を編成し、当年度の支出は当年度の収入で賄う（ブリタニカ国際大百科事典）ルールです。これは、年度をまたぐような事業に対して、柔軟に対応できないことが多くあります。例えば、新聞では「学校の建て替え事業に２年間かかる。なのに年度の切れ目に精算が必要で（略）年度が始まらないと業者の入札が始まらず、公共事業が一時期に集中してしまう」と記載されています。これは単年度主義という、ルールが非効率な例です。この非効率の程度が無視できないくらい大きくなると、そのルール変更の機運が高まるのが普通です。

　最後のインセンティブは、よく忘れられるか、無視

されることの多い基準です。企業の方や学生と話したり、新聞や雑誌で見聞きする中で、インセンティブの話は少ないと感じています。個人的に思うことは、多くの人は人間が機械のように動くことを前提にルールを作っているのではないかということです。先ほど説明したように、一つのルールが与えられると、戦略的環境としてのゲームが決まり、人々は自分に最適な戦略行動を取ると考えられます。よって、ルールをデザインする際には、効率性や公平性だけでなく、ゲームを意識し、人々がどのように行動するかを考える必要があるのです。この行動を予測する際に役立つのがゲーム理論なのです。

ルール設計にはインセンティブを考えることが重要だと思う典型的な例を見ましょう。2012年度末に起きた退職金ルール変更により教職員の駆け込み退職が相次ぎました。国家公務員退職手当法の改正により、地方自治体が条例を改正し、退職手当を減額しました。そのため、通常通り3月に退職すると大きな減額になることになり、減額される前の1月末に退職する教職員が大量に出てしまいました。当時の文科相は「責任ある立場の先生は、最後まで誇りを持って仕事をしてもらいたい。許されないことだ」と話したそうです。これは、ルール改正に伴う人々のインセンティブを無視または軽視した結果で、あたかも人間を機械のように想定し、モラルによりインセンティブに反応

しないと判断したのでしょう。

　ルールの設計の際には、不満の出やすい効率性と公平性を重視することが多いのですが、インセンティブを無視すると、人々がインセンティブに反応した結果として、もともと達成する予定だった公平性や効率性を達成できないことが多いのです。この意味で、ルール設計にはインセンティブを考えることが極めて重要になってくるのです。

2　協力ゲームと非協力ゲーム

　ゲーム理論には、協力ゲームと非協力ゲームの二つがあります。それぞれが戦略的環境を異なった視点から捉えます。どちらのゲームでも、人々が戦略的環境で得る利得（単純に、儲けのこと）を得ると考えます。協力ゲームは、お互いの利得が関連し合う戦略的環境の下で、人々が集まり協力できることを前提にします。一方、非協力ゲームでは、お互いの行動が影響を及ぼし合う戦略的環境下で、人々が独立して（非協力的に）個別に意思決定することを前提にします。

　どちらのゲームにしろ、人々が行動し、どのような結果に落ち着くのかについて答えを与えるのが、均衡とか解と呼ばれるものです。同じゲームに対しても、どのような結果になると思うかに関して意見が異なるのが普通です。その考え方に応じて、均衡がありま

す。しかし、重要な均衡概念は多くなく、協力ゲームではコアとシャプレイ値で、非協力ゲームでは支配戦略均衡とナッシュ均衡が中心的になります。これらを押さえておくだけで、市場でルールを設計する際のインセンティブの考え方ができるようになると思います。

　本書の特徴の一つは、ゲーム理論と市場デザインをインセンティブという言葉を軸に据えて説明することにあります。協力ゲームで解として中心的な役割を果たすコアでは、複数の人々からなる集団が皆、逸脱するインセンティブがないことを表現したものです。一方、非協力ゲームのナッシュ均衡は、一人一人が逸脱するインセンティブがないことを表現したものです。

　あるルールが決まると、その下でのゲームが決まり、均衡によって人々がどのように行動するかが分かります。つまり、ルールに応じて均衡結果があるのです。その均衡結果が、ルールをデザインする側から望ましいかどうかを考えるのが市場デザインです。無数にあるルールの中から、望ましい基準としての公平性、効率性、インセンティブの面から、ルールを探すのです。インセンティブの側面を検討するのに役立つのが、ゲーム理論です。

　フォン・ノイマンとモルゲンシュテルンによる本『ゲーム理論と経済行動』が1944年に出版され、これがゲーム理論の出発点になりました。それ以来、精力

的に研究が進められ、かなりの程度成熟し、今では経済学のすべての分野で研究には欠かせない中心的な理論道具となっています。

3　マッチング市場とデザイン

就活市場

マッチング理論は、人やモノがマッチする市場（マッチング市場）で、どのようにマッチすればよいかを研究する分野です。典型的なマッチング市場として就活市場を考えてみます。卒業後に働きたい、つまり労働力を提供（これを経済学では供給という）したい大学生、そして労働力が欲しい（これを経済学では需要という）企業がお互いにマッチするために出会う場が市場です。

伝統的な経済学の市場では、需要と供給が一致するように、つまり学生と企業のマッチが決まるように賃金という価格が調整されます。つまり、採用結果としてのマッチは、賃金だけで決まることになります。果たして、学生や企業は就職後の賃金だけで企業を選ぶのでしょうか。そうではないですよね。日本では、ほとんどの企業の初任給はあまり変わりませんし、学生は企業の事業が面白いか、将来性はどうかなどを考えます。企業は、面接を通して、一人一人の学生が社風に合うか、自分の企業で戦力となるかを見ます。この

ような市場では、価格がマッチを決めるのに十分ではなく、どのようにマッチを決めるかという市場のルールが重要になります。

また、就活市場の特徴は、学生はせいぜい一つの企業としかマッチできないという点です。先ほど述べた伝統的市場では、質も全く同じで、いくつもの財を売買できると想定されます。例えば、$\sqrt{2}$という量の財も可能で、連続的に量を扱います。このような想定が妥当な市場もあるのですが、明らかに就活市場ではそうではありません。マッチング市場では、扱う財は連続的でなく、離散的に利用可能な状況を考えます。離散的とは、一つ、二つ、三つのように、とびとびで量があるという意味です。

さらに、就活市場の特徴は、学生も企業も、自分が選ぶと同時に選ばれるという点です。伝統的な市場では、そうではありません。自分がリンゴを選べば、それで終わりで、リンゴのほうから食べてもらいたい人かどうかを選ぶことはありません。ちなみに、伝統的市場で扱って良いと考えられる財は、コモディティと呼ばれることもあります。

二部マッチング市場

マッチング理論が対象とするマッチング市場の問題には、大きく分けて二部マッチング市場と配分マッチング市場があります。この二つは非常に似ています。

図表 1-1　二部マッチング市場

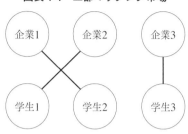

　二部マッチング市場は、1962年にゲールとシャプレイが数学誌に掲載した論文により始まりました。この市場では、人々あるいは組織が二手に分かれて、それぞれの側の人が反対側のどの人とマッチしたいかに関して選好（好み・希望順序）を持っています。二手に分かれるので、二部という名前が付けられます（図表1-1）。

　例えば、先ほどの就活市場では学生側と企業側で、学生はどの企業に就職したいかに関して選好を持ち、企業はどの学生を入社させたいかに関して選好を持っています。このような二部マッチング市場で、どのようにマッチするルールが良いのかということが最も興味ある問題です。

　日本の就活市場のような分権的市場、つまり学生も企業も自由に独自にルールを決めて行動するような場合には、世界各国で青田買いが発生することが知られています。しかし、ゲールとシャプレイが提案した集

権的なルール、つまり学生と企業から選好（希望順位や好み）を報告してもらい、あるマッチの結果を計算するアルゴリズムが、アメリカの研修医市場で、青田買いを食い止めました。その理由は、協力ゲームで登場するコアの特殊な概念、安定性が重要であったことが知られています。このような点については、後の章で詳しく説明します。

配分マッチング市場

　二部マッチング市場と非常に似ている配分マッチング市場は、財を人々にどのようなルールで配分するかという市場のことです（図表1-2）。ここで、財はある意味特別な財で、非分割財を考えています。非分割財とは、財を細かく分割していって、これ以上は分割できない最小単位が存在するような財のことです。典型的な例が家です。一つの家は、分割する（壊す）ことができず、分割すると財としての家の性質が損なわれてしまいます。他には、自動車、パソコン、ベッドなどたくさんあります。

　配分マッチング市場がなぜ二部マッチング市場と似ているかというと、二部マッチング市場での一方の側を非分割財に置き換えてみると明らかです（図表1-1と図表1-2を見比べて下さい）。この観点から、配分マッチング市場は、人々と非分割財とのマッチを考える問題になるのです。

図表 1-2　配分マッチング市場

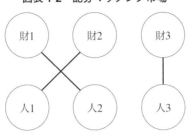

　では、違いは何かというと、人々は非分割財に対して選好（好み・希望順序）を持っているのに対して、財は人ではないので選好を持っていません。

　配分マッチング市場は、1974年にシャプレイとスカーフが非分割財を所有している人がお互いに財を交換するルールを考えました。少しずつ一般化がなされ、2000年前後に、財が所有されても所有されていなくても適用できるようなルールが考えられました。同時に、2003年にアブダルカディログルとソンメッツが、児童と学校をマッチさせる学校選択問題に応用し、それを基にボストン市の小中学校に実際に導入され、ニューヨーク市では高校に導入され、現在では多くの自治体が導入しています。

　また、腎臓移植では、ドナー（臓器提供者）はレシピエント（患者）として親族を考えますが、血液型など不適合で移植できない場合があります。しかし、不適合なドナーを交換することで、移植を受けられなか

った患者が移植を受けられるようになります。このような交換移植は、ロスによって1980年代に提案され、2004年にロス、ソンメッツ、アンバーがマッチング理論を応用し、望ましいルールを提案しました。その後すぐに、実際にアメリカのニューイングランド州で導入され、今では全米で整備されました。

マッチング・マーケットデザイン

「マーケットデザイン」は、1990年代にゲーム理論家が入札制度を研究するオークション理論やマッチング理論を実際にデザインし導入する中で生まれてきた経済学の分野です。マーケットは市場のことで、マーケットデザインとは、市場のルールをデザインすることですが、これまでの経済理論と異なるのは、実際の市場をデザインすることを念頭に置きながら、市場の詳細まで考慮してゲーム理論や経済理論を用いて考える点です。

マッチング・マーケットデザインとは、マッチング市場を対象としたマーケットデザインのことです。マーケットデザインの特徴は、実際の市場をデザインすることが目的なので、理論を発展させるとともに、理論だけでは分からないこともあるため、被験者を集めて実験したり、コンピューターで仮想的に市場を作って、市場のルールを考えることにあります。

第2章 非協力ゲーム理論
――個人のインセンティブ

1 個人の意思決定

数学的基礎：集合と関数

ゲーム理論の体系は数学で表現されますが、本書はゲーム理論の考え方を伝えることを目的にしているので、最低限の数学的概念のみを導入します。こうすることで、より内容が明らかになると思います。

どんな学問分野でも、説明したい核心に対して「言葉」が定義されます。したがって、定義が意味するところをしっかり理解し、自分の中でどういうことかをイメージできるようにすることが大切です。本書では、ゲーム理論やマッチング理論に登場する重要な言葉を定義し、定義する言葉を太字（ゴシック）で表します。そして、それがどういう意味かを詳しく説明します。

まず、**集合**を導入します。集合は、ものの集まりと定義します。これだけでは厳密には不十分ですが、技術的に難しくなるので、このように定義します。そして、集合に入っているものを要素と呼びます。集合を具体的に定義する場合は、二つの方法があります（図表 2-1）。一つ目は、集合に入るものをすべて挙げる方法です。例えば、整数 1、2、3 からなる集合です。二つ目は、ある性質 $P(x)$ を満たす x すべてとする方法です。例えば、3 以上の整数すべてという集合を考え

図表 2-1　集合の具体的な定義

> 例：次のような集合 X
> 〈方法1〉
> 　　$X = \{1, 2, 3\}$
>
> 〈方法2〉
> 　　$X = \{x \mid x \geq 3\}$　　xが集合Xの要素であることを「$x \in X$」と書く。

ることができます。

次に、**関数**を導入します。関数は非常に重要な数学的な道具で、ゲーム理論やマッチング理論で頻繁に登場します。よって、関数がそもそも何なのかを理解しておくことが大切です。二つの集合XとYがあるとします。このとき、集合Xから集合Yへの関数とは、Xに入っている一つ一つの要素xについて、集合Yの要素を一つだけ指定するルールのことです（図表2-2）。指定された集合Yの要素を$f(x)$と表します。

関数を考える際には、二つ大切な点があります。まず、集合Xのすべての要素について、関数がYの要素を指定している点です。そして、Xの一つの要素で指定されるYの要素は一つだけという点です。関数を考える際には、それに伴う二つの集合も大事なため、集合Xを**定義域**、集合Yを**値域**と呼びます。

図表 2-2　関数の定義

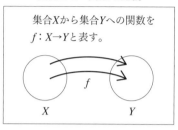

集合Xから集合Yへの関数を
$f: X \to Y$と表す。

選択が確実な場合の意思決定

私たちが何らかの意思決定をしなければならないとき、まず大事なのは、自分が何を選ぶことができるのかを知ることです。選ぶことのできるものを**選択肢**と呼びます。文脈や理論によって、選択肢の呼び方が違うときもあります。後に学ぶ非協力ゲーム理論では、この選択肢は戦略と呼びます。意思決定を扱う理論では、必ず選択肢が出てきますが、扱う本によって別な名前で呼ばれることもあることを覚えておいて下さい。すべての選択肢からなる集合を選択肢集合と呼び、本節ではXで表すこととします。私たちが何らかの意思決定をするときに、最初にすべきことは、この選択肢集合が何かを調べることです。例えば、自動車を買おうと決意したときに、選択肢集合は売られている新車、そして中古車からなります。

次に、自分が選べる選択肢がすべて分かり（これは選択肢集合で表される）、そのうち一つの選択肢を選

ばなければならないというのが意思決定問題です。そのためには、何らかの基準があり、それに従い選択肢を選ぶというのが自然なアプローチです。では、選ぶ基準は何でしょうか。それは、どの選択肢が良いかという好みです。この好みのことを経済学やゲーム理論では、**選好**と言います。この選好を記号 $\gtrsim$ で表します。不等号 $\geqq$ が数字の大小を表すように、記号 $\gtrsim$ は好み（選好）の大小を表します。選択肢 x と y があったとき、$x \gtrsim y$ は、x のほうが y よりも少なくとも好ましいことを表します。「少なくとも好ましい」というのは、二つの可能性「x のほうが y よりも明らかに好ましい」、そして「x と y は同じくらい好ましい（これを経済学では無差別と言います）」があることを意味します。記号では、前者を $\succ$ で表し、後者を $\sim$ で表します。

　ほぼすべての経済理論で、選好 $\gtrsim$ は**完備性**と**推移性**という二つの性質を満たすと仮定します。完備性というのは、任意の二つの選択肢 x と y が比較できることを意味します。つまり、$x \gtrsim y$ または $y \gtrsim x$ となることです。この性質が満たされないと、x と y のどちらがいいのか分からないということになります。次に、推移性というのは、任意の三つの選択肢 x, y, z があったとき、選好 $\gtrsim$ が連結して推移していくこと、つまり、$x \gtrsim y$ と $y \gtrsim z$ であるときに、$x \gtrsim z$ となることを意味します。

選好が完備性と推移性を満たすとき、選択肢を好きなものから順番に並べることができます（正確には、選択肢の数が有限なときで、選択肢が無限に多くなると他に性質が必要になります）。例えば、第1希望は x、第2希望は y と z のように並べることができます。ここで、第2希望には二つの選択肢がありましたが、複数の選択肢が同順位になることもあります。複数の選択肢が同順位に決して並ばないような選好のことを**強い選好**と呼びます。後に見るように、マッチング市場では、人々はしばしばこの強い選好を提出することが制度により求められます。例えば、児童と保育園のマッチングでは、児童の保護者は市役所に第1希望は保育園 x、第2希望は保育園 y、第3希望は保育園 z のように選好を提出します。

　選択肢の数が少ないと、選好を書き下ろすことは容易ですが、多くなると大変です。そのため、経済理論やゲーム理論では、多くの場合、選択肢の好ましさの程度を数値で表します。その数値を効用値または利得と呼びます。つまり、選択肢集合 X から実数の集合 $\mathbb{R}$ への関数 $u:X \to \mathbb{R}$ を考え、これを効用関数と呼び、選択肢 x の効用関数 u の値 $u(x)$ を効用値と呼びます。文脈によっては効用関数の呼び名が変わり、経済学では効用関数、ゲーム理論では利得関数という言葉を使う傾向があります。

　大事なことは、もともと選好が基本で、効用関数は

単に選好を表す便利な道具ということです。つまり、$u(x) \geq u(y)$ のときは $x \succsim y$ を意味し、$x \succsim y$ のときは $u(x) \geq u(y)$ を意味し、効用値の大小だけが重要で、その数値自体には意味がありません。これを難しい言葉で序数性と言います。例えば、ラーメン 1 杯の効用値が 100、うどん 1 杯の効用値が 1 というのは、ラーメンのほうがうどんよりも好きということを意味し、ラーメンをうどんよりも 100 倍好きだということではありません。

選択が不確実なときはどうなるか

　確実性下では、ある選択肢を選ぶと、その選択肢が結果として必ず実現することを想定します。例えば、ある人がラーメン屋で味噌ラーメンを選ぶと、味噌ラーメンが出てきて食べられるという状況です。しかし、選択肢自体が不確実なこともあります。例えば、「おすすめラーメン」というのがあり、店主がおすすめのラーメンを選んで、お客さんに出すような状況です。客としては、例えば、おすすめラーメンを選ぶと、確率 40％ で味噌ラーメン、確率 60％ でつけ麺というような状況に直面することとなります。このように確率的に結果が決まる選択肢が含まれているような状況での意思決定が、不確実性下における意思決定です。その際の選ぶ基準は、**期待効用**と呼ばれるものです。

確実な選択肢としてxとyがあって、それぞれ30%と70%の確率で起こるような選択肢を考えましょう。このとき、確実な選択肢に対して、効用$u(x)$と効用$u(y)$があると考えて、確率で重みを考えた平均（これを期待効用と呼びます）は、$0.3 \times u(x) + 0.7 \times u(y)$となります。ここで注意するのは、二つの確実な選択肢に対して、確実性下では効用値の大小だけが重要でしたが、不確実性下では大小だけでなく、その数値自体に意味が出てきます。詳細は省略しますが、この点については危険に対する態度が関係してきます。

個人は期待効用を最大にするような選択肢を選ぶと考えます。これを期待効用仮説と言い、ゲーム理論や経済学で広く使われており、本書でも採用されています。ただし、近年になり行動経済学でこの期待効用仮説に反するような実験結果が報告され、期待効用仮説に代わる理論も登場しています。

2　戦略形ゲーム

前節で扱った個人の意思決定の問題では、たった一人の個人が選択肢の中から自分の選好に従って最も好きな選択肢を選ぶという状況を考えました。しかし、1章の初めで、戦略的環境の例として、大学入試でどの大学に出願するかは、他の受験生の動向を考えながら、自分の出願先を決める場面を考えました。このよ

第2章 非協力ゲーム理論——個人のインセンティブ　35

うな戦略的環境では、自分にベストな結果になるためには、自分だけの意思決定では足らず、他の人々がどのような意思決定をするかによって変わってきます。このような戦略的環境を記述するのが、戦略形ゲーム（あるいは、同時手番ゲームとも呼ばれる）です。

ゲームの例：一方向連絡のみの男女の争い

　まず、簡単な例を通して、男女の争い（あるいは調整ゲーム）と呼ばれる戦略形ゲームを紹介します。恋人同士の男性と女性は、勤務先は別々で、仕事の帰りに突然のデートを考えています。デート先として野球かバレエだけが候補になっており、野球であれば野球場で、バレエであれば新国立劇場で待ち合わせになります。男性は野球が好きで、女性はバレエが好きで、二人の好みは違います。しかし、一緒にいることがもちろん大事で、別々は最悪です。このような状況で、どのような結果になるのか、つまり男性が何を選び、女性が何を選ぶのかを考えましょう。

　普通は、連絡を取り合い、どれにするかを決めます。ここでは、ゲーム理論の本質である戦略的相互依存関係を明確にするために、まず連絡手段が女性から男性への一方向だけ可能な場合を考えます。女性はどのデート先に向かうか男性に伝えることができますが、男性は返事ができないような状況です。

　いまここで女性は、自分の好きなバレエに男性も同

意してくれると思い込み、男性にバレエに向かうとだけ伝えるとします。男性には戦略（ゲーム理論の文脈では選択肢を戦略と呼ぶ）として、野球とバレエがあります。女性がバレエに向かうことを知った男性は、野球にしてほしいと思いつつ、バレエを選ぶでしょう。このときの男性の利得は、下図 (a) のように、野球ならば一緒でないので利得0、バレエならば利得1になるとします。この利得の数値は、不確実性がない限り、女性がバレエのほうが野球よりも好きということで、バレエのほうに高い利得を割り当てます（確実性下における意思決定を思い出してください）。

よって、男性は利得の高い戦略としてバレエを選びます。この選んだ結果を(a)で対応する利得に下線を引いています。

女性の連絡

		バレエ
男　性	野　球	0
	バレエ	<u>1</u>

(a) 男女の争いゲームで、強引な女性が一方的にバレエと連絡してきた場合の男性の利得。男性はバレエを選ぶ。

次に、女性がバレエでなく、野球と一方的に連絡してきたとしましょう。この場合、男性は、前と同様に戦略としてバレエと野球を持っていますが、女性と一緒にいたいため、野球を選ぶでしょう。この状況での

男性の利得は、(b)のようになり、自分が野球好きで相手と一緒にいたいので、野球の利得は2になります。また、一緒ではなくなるので、バレエの利得は0になります。

		女性の連絡
		野球
男 性	野 球	<u>2</u>
	バレエ	0

(b) 男女の争いゲームで、女性が一方的に野球と連絡してきた場合の男性の利得。男性は野球を選ぶ。

(a)と(b)をまとめて、一つの表として(c)を得ます。

		女性の連絡	
		野 球	バレエ
男 性	野 球	<u>2</u>	0
	バレエ	0	<u>1</u>

(c) 男女の争いゲームで、女性の一方的連絡による男性の利得。

この表で明らかですが、男性にとっては、女性の連絡により自分の選ぶデート先が異なります。女性の連絡が野球であれば男性には野球が良く、女性の連絡がバレエであればバレエが男性には良いものとなります。つまり、女性の連絡により、男性の最適な戦略が

変わります。しかし、男性にとっては、女性から届いた連絡をそのまま受け入れるしかなく、難しい意思決定ではありません。この意味で、厳密には、男性と女性の意思決定は相互依存的ではなく、ゲーム的な戦略的環境ではありません。では、次に、ゲーム理論に特有の戦略的環境の例を男女の争いを使って説明しましょう。

ゲームの例：無連絡の男女の争い

先ほどの例では、女性から男性へのみ一方的な連絡ができる場合を考えていました。引き続き、男女の争いを考えますが、ここでは無連絡、つまり男性も女性も連絡手段がないので、同時に独立して意思決定するような場合を考えます。同時に独立とは、全く同じ時刻に二人が戦略を選ぶということではなく、一方が他方の意思決定に関与せず、他方の戦略を知らずに自分の戦略を選ぶことを意味します。このとき何が問題になるのでしょうか。

先ほどの例では女性から男性への一方向の連絡だけで、男性は女性が伝える戦略を取るものと考えることができます。しかし、同時に独立な意思決定では、男性は女性がどの戦略を取るかは分からないので、予想しなければいけません。ここで、(c)を、女性の連絡ではなく、女性に対する予想と解釈し直して、(d)を得ます。

第 2 章 非協力ゲーム理論──個人のインセンティブ

		女性に対する予想	
		野 球	バレエ
男 性	野 球	<u>2</u>	0
	バレエ	0	<u>1</u>

(d) 男女の争いゲームで、女性に対する予想に応じた男性の利得。

　そのときの利得は変わりません。そのため、女性がどの戦略を取るかに応じた男性の最適な戦略も変わりません。つまり、女性が野球を選ぶと予想すると、男性の最適戦略は野球となりますが、女性がバレエを選ぶと予想すると、男性の最適戦略はバレエになります。これは、女性の戦略により、男性の意思決定環境が変わり、その結果として最適戦略までも変わってしまうことを意味しています。そのため、男性は、女性がどの戦略を取るかを予想して、自分の戦略を選ぶ必要が生じてきます。この点が、個人の意思決定と違う点で、ゲーム理論の本質です。

　男性が女性の行動を予想するには、女性の立場に立ってみて、自分が女性であればどの戦略を取るかを考える必要が出てきます。そのために、(e)を考えます。

		女　性	
		野　球	バレエ
男性に 対する予想	野　球	<u>1</u>	0
	バレエ	0	<u>2</u>

(e) 男女の争いゲームで、男性に対する予想に応じた女性の利得。

この表は、男性が野球を選ぶと予想したときに、女性の利得は自分が野球を選べば1、バレエならば0になります。一方、男性がバレエを選ぶと予想したとき、女性の利得は自分が野球を選べば0、バレエを選べば2になります。よって、女性の最適戦略は、男性の取る戦略が野球のとき、野球になります（これは(e)で利得1の下線で表されています）。また、男性の取る戦略がバレエのとき、女性の最適戦略はバレエになります（これも同様に(e)で利得2の下線で表されています）。このように、自分の最適戦略が相手の戦略によって変わるような状況を<u>戦略的環境</u>と言います。

これまで、男性と女性を別々な表で考えてきましたが、一つの表で、利得の欄に、<u>男性の利得を左側に、女性の利得を右側に書いて</u>、(f)のようにまとめます。この表では、男性と女性の意思決定に必要な材料がすべて書かれており、これを<u>戦略形ゲーム</u>の利得表と呼びます。

	女　性	
	野　球	バレエ
男性　野　球	<u>2</u>,<u>1</u>	0,0
バレエ	0,0	<u>1</u>,<u>2</u>

(f) 男女の争いゲーム。各欄にある二つの数字の左側は男性の利得、右側は女性の利得を表す。

　戦略形ゲームでは、ゲームの結果、つまり各人が取る戦略が何かに興味があります。各人が取る戦略を並べたものを**戦略プロファイル**と呼びます。私たちの例では、

　　戦略プロファイル
　　　＝（男性の戦略, 女性の戦略）

というふうに表せます。

　ナッシュ均衡とは、戦略プロファイルのことで、その戦略プロファイルにある各プレイヤーの戦略が互いに最適戦略になっていて、誰も一方的に戦略を変更するインセンティブがないようなものです。これだけでは分からないと思うので、詳しく説明します。その前に、表現を簡単にするため、ナッシュ均衡におけるある人の戦略を、**ナッシュ均衡戦略**と呼ぶこととします。

　私たちの例では、二つのナッシュ均衡があり、

(野球 , 野球)と(バレエ , バレエ)です。ナッシュ均衡(野球 , 野球)において、男性のナッシュ均衡戦略は野球、女性のナッシュ均衡戦略も野球です。

　なぜ(野球 , 野球)がナッシュ均衡となるのかを考えてみましょう。この戦略プロファイルでは、男性も女性も野球を選びます。女性は、これよりも利得が高くなる(バレエ , バレエ)になってほしいと思います。しかし、女性も男性も独立して意思決定するので、女性は男性にバレエに変更するように強制することはできません。よって、女性は、男性がナッシュ均衡戦略である野球を選ぶことを前提として、自分に最適な戦略は野球でナッシュ均衡戦略です。自分だけバレエに変更するインセンティブはありません。同様に、男性は、女性がナッシュ均衡戦略である野球を選ぶことを前提として、自分に最適な戦略はナッシュ均衡戦略である野球で、自分だけバレエに変更するインセンティブはありません。まとめると、男性も女性も、相手がナッシュ均衡戦略を取ってくることを前提として、自分のナッシュ均衡戦略を取ることが最適になっており、他の戦略に変更するインセンティブがありません。

　実は、この2人のゲームでは容易にナッシュ均衡が分かります。図表(f)をみて下さい。左の数値（男性の利得）と右の数値（女性の利得）の両方に下線がある戦略プロファイルがナッシュ均衡になるのです。

戦略形ゲームの定式化

まず、戦略形ゲームをより一般的に定義しましょう。**戦略形ゲーム**は、3つの要素からなります。

- 1つ目は、注目する環境で関係する人々は誰かです。特に、ゲーム理論では、この人々のことをプレイヤーと呼びます。
- 2つ目は、それぞれのプレイヤーが持つ戦略は何かです。
- 3つ目は、すべてのプレイヤーが取る戦略の組み合わせ一つ一つに対して、各プレイヤーが得る利得です。

より数学的に書くと、**戦略形ゲーム**は、$(N, \{S_i\}_{i \in N}, \{u_i\}_{i \in N})$ で、以下を満たします。

1. プレイヤーの集合 $N = \{1,...,n\}$、任意のプレイヤーを i と表します。
2. 各プレイヤー $i \in N$ が持つ戦略の集合 S_i
3. 各プレイヤー $i \in N$ が持つ利得関数 $u_i: S_1 \times ... \times S_n \to \mathbb{R}$

ゲーム理論の特徴は、3つ目の利得に表れます。プレイヤーが1から n までいるとします。プレイヤー1が戦略 s_1、プレイヤー2が戦略 s_2 というふうにプレイ

ヤーn の戦略 s_n まで、一人一人が戦略を選んだとします。この戦略を集めた組み合わせは、$(s_1,…,s_n)$ で表され、戦略プロファイルと呼びます。戦略プロファイルの集合が $S_1×…×S_n$ です。プレイヤーi の利得は、この戦略プロファイルの関数として、$u_i(s_1,…,s_n)$ と表されます。

ゲーム理論では、一人一人が個別にどの戦略を取るかを考えます。プレイヤーi にとってみると、自分の利得は、自分自身の戦略 s_i ばかりでなく、他のプレイヤーたちの戦略 s_{-i} に影響を受けます。ここで、s_{-i} は、プレイヤーi を除いたプレイヤーの戦略をまとめて表したものです。つまり、戦略的環境の特徴は、利得が自分の戦略 s_i だけでなく、他のプレイヤーの戦略 s_{-i} によっても影響を受けることです。

ナッシュ均衡とは

ナッシュ均衡は、誰も一方的に他の戦略に変更するインセンティブがないときの各プレイヤーの戦略の組み合わせでした。戦略プロファイル $(s_1^*,… s_n^*)$ が**ナッシュ均衡**であるとは、任意のプレイヤーi にとって、他のプレイヤーが s_{-i}^* を取っているとき、他のどの戦略 s_i を取ってきても、s_i^* の利得が s_i の利得以上であること、つまり

$$u_i(s_i^*, s_{-i}^*) \geq u_i(s_i, s_{-i}^*)$$

が成り立つことです。ナッシュ均衡は、特別な戦略プロファイルなので、*を付けています。

男女の争いゲームでは、ナッシュ均衡が二つありました。しかし、最終的には、男性も女性もそれぞれ一つの戦略を選ぶため、ゲームの結果として実現する戦略プロファイルは一つだけになります。では、男女が個別に同時に独立に戦略を選べば、結果としてどちらのナッシュ均衡が生まれるのでしょうか。これは、非常に難しい問題で、昔から現在まで精力的な研究がなされています。

男性も女性も完全に独立して同時に決定する場合、例えば、男性は女性が野球を選んでくれると予想して自分も野球を選びますが、女性は男性がバレエを選んでくれると予想してバレエを選ぶこともありえます。この場合、結局、ナッシュ均衡は達成されません。また、たまたまナッシュ均衡が達成されることもありえます。

したがって、複数のナッシュ均衡があり、そのうち一つが達成されるためには、他に条件が必要になります。例えば、過去に何度も同じような場面に出くわして、いつも(野球, 野球)であれば、今回も(野球, 野球)になるでしょう。経験、慣習、文化、そして際立った特徴があれば、それが助けとなり、あるナッシュ均衡が達成されることもあります。このようなものは、フォーカル・ポイント（焦点になる印）と呼ば

れ、これがあると互いに焦点を合わせるので行動を予測しやすくなり、ナッシュ均衡が選ばれやすくなります。

また、戦略形ゲームでは、プレイヤーは戦略を選ぶ前に、連絡を取り合い調整することはないような状況を考えます。例えば、男女の争いゲームでは、男性が女性に連絡し、話し合って、野球に一緒に行こうとなれば、その戦略の組み合わせはナッシュ均衡となり、どちらも一方的に戦略を変更するインセンティブは働かず、ナッシュ均衡が実現されるでしょう。ただし、厳密に言えば、そのようなコミュニケーションまでもメッセージをやりとりするゲームとして表現して分析すべきと主張するゲーム理論家もいます。

現代の経済学では、経済現象を分析する際に、そのほとんどは自然な形でゲームとして表現されます。そして、ゲームとして定式化された後に、まず誰もが行うことが「ナッシュ均衡が何か」を探ることです。この意味で、ナッシュ均衡はゲーム理論の中核をなすと言っても過言ではありません。

支配戦略均衡：囚人のジレンマを例に

非常に示唆に富むゲームとして、囚人のジレンマと呼ばれるゲームがあります。このゲームの背景にあるストーリーは次のようなものです。二人の囚人が別々の取調室で尋問を受けていて、お互いにコミュニケー

図表2-3 囚人のジレンマ

囚人2

	黙秘	自白
囚人1 黙秘	−1, −1	−5, <u>0</u>
囚人1 自白	<u>0</u>, −5	<u>−3</u>, <u>−3</u>

ションは取れません。二人がある犯罪に関与したことは分かっていますが、その詳細は分からないため、警察から尋問を受けています。それぞれの囚人にとって取ることのできる戦略は黙秘するか自白するかのどちらかしかありません。その結果として、二人は次のことが分かっています。

- 二人とも黙秘すると、禁固1年。
- 二人とも自白すると、禁固3年。
- 一人が黙秘し、もう一人が自白すると、黙秘した方が禁固5年、自白した方が証拠不十分で禁固刑なし。

この状況は図表2-3で表せます。ここでは、禁固刑の年数は望ましくないため、利得はマイナスにしています。

先ほど説明した方法で、ナッシュ均衡を探すと、(自白, 自白)だけがナッシュ均衡となります。しかし、話はそれだけでは終わりません。まず、どの囚人

も、相手が黙秘のときも、自白のときも、常に自白が最適戦略になります。これは、とても強く、相手の出方を予想しなくても自白が最適になり、囚人は自白する強いインセンティブがあります。このように、相手の出方にかかわらず、常に最適になるような戦略を**支配戦略**と言います。

もう少し正確に定義しましょう。プレイヤー i にとって、ある戦略 s_i^* が**支配戦略**であるとは、他のプレイヤーがどんな戦略 s_{-i} を取っていても、戦略 s_i^* の方が他のどの戦略 s_i よりも少なくともいいということです。つまり、任意の $s_i \in S_i$ と任意の $s_{-i} \in S_{-i}$ について、

$$u_i(s_i^*, s_{-i}) \geq u_i(s_i, s_{-i})$$

が成り立つことです。

そして、戦略プロファイル $(s_1^*,..., s_n^*)$ が**支配戦略均衡**であるとは、すべてのプレイヤー i にとって、s_i^* が支配戦略であるということです。

支配戦略均衡は、とても魅力的で強力です。支配戦略均衡があるときは、ゲーム理論に特有の戦略的な環境、つまり相手の出方により最適戦略が異なってくるという状況、それ自体がなくなり、人々の意思決定は大変楽になります。相手の出方を予想する必要が全くないからです。支配戦略均衡が一つしかないならば、私たちは自信を持って、人々は支配戦略を選ぶ強いイ

ンセンティブがあり、それを取ると予測できます。複数あるときには、どれが選ばれるかは事前に言えませんが、それでも人々はそれ以外を取るインセンティブはないと言えます。このようなこともあり、本書の後半で取り上げるマッチング市場では、この支配戦略均衡を導くような制度を設計することが大変重要になります。

一方で、支配戦略均衡はあまりにも強く、存在しないことが多いと言えます。例えば、男女の争いゲームでは、男性は、女性の出方によって最適戦略が異なります。したがって、男性は支配戦略を持ちません。

囚人のジレンマでは、もう一つ面白い（残念な?）性質があります。それは、二人とも黙秘を選ぶと、二人とも良くなるということです。二人とも良くなる可能性があるのに、個人の意思決定に任せると、二人とも悪くなるというジレンマが起こるのです。このように二人とも良くなる可能性があるということは、パレート効率的でないと言います。このパレート効率性については、後半のマッチング理論で詳しく紹介します。

3　展開形ゲーム

男女の争いというゲームを前節で考えました。そこでは、男女が同時に独立して自らの戦略を選ぶという

ような状況で、戦略形ゲームの分析をしました。また、女性が一方的に自分の戦略を連絡して、男性がそれを信じて意思決定するような状況も考えました。現実には、このような状況は特殊かもしれません。今日スマートフォンなど連絡手段はたくさんあり、どちらか片方が先に動いて、ゲームの結果が決まってしまうことが多いでしょう。本節では、同時に独立にプレイヤーが動くのではなく、誰かが動いて、その状況を見て他のプレイヤーが動くというような展開形ゲームを説明します。

例：レディーファースト：男女の争いの変形

男女の争いゲームと同様に、デート先として野球かバレエを選んでいる状況を考えます。選択の結果としての利得も同じであるとします。しかし、女性が先に動いて、女性の行動を見て男性が自らの行動を決めるような状況を考えましょう。図表2-4を見て下さい。

このような図は、ゲームの木と呼ばれ、上から順番にどのプレイヤーが何を選び、その後にどのプレイヤーが続いて意思決定するかを表しています。図では、まず女性が野球かバレエを選びます。女性の選択を知った上で、男性が野球かバレエを選びます。例えば、女性が野球を選び、その後に男性が野球を選んだとします。ゲームの木でこの意思決定をたどると、$\binom{2}{3}$という2つの数字にたどり着きます。これは、上の数

図表 2-4 レディーファーストのゲームの木

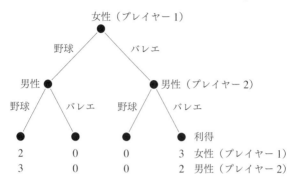

字が女性の利得、下の数字が男性の利得を表します。一般に、ゲームの木の終点には、プレイヤーの利得が書かれ、プレイヤーが動く順番に利得を書きます。

このような状況で、男女は何を選ぶでしょうか。まず、男性を考えましょう。

- 女性が野球を選ぶ場合、男性はそれを前提として、野球かバレエを選びます。野球を選べば、利得は3になります。一方、バレエを選べば、利得は0になります。よって、野球を選ぶことが男性にとって最適になります。
- 一方、女性がバレエを選ぶ場合。男性は野球で利得0、バレエで利得2を得ます。よって、男性にとってはバレエが最適になります。

この男性の最適な選択を図表 2-5 で表しましょう。

図表 2-5 レディーファーストのゲームの木：男性の最適行動

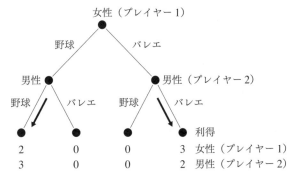

この図では最適な選択を矢印で表しています。

次に、女性を考えましょう。女性は男性の立場に立って考えてみて、自分の選んだ結果で男性がどう振る舞うかを考えて、自身の選択を行うことが賢い意思決定です。すると、図表 2-5 で示したような男性の行動を予測できます。これを基にすると、

- 女性は自身が野球を選べば、男性が野球を選ぶと予測します。この場合、女性は利得 2 を得ることになります。一方、女性がバレエを選べば、男性はバレエを選ぶと予測します。この場合、女性は利得 3 を得ます。よって、女性の最適な選択はバレエです。

最終的に、これまでの議論をゲームの木で、図表 2-6 のように表すことができます。

このようにして得られた男女の戦略は、部分完全均

第 2 章 非協力ゲーム理論——個人のインセンティブ　53

図 2-6 レディーファーストのゲームの木：男性と女性の最適行動

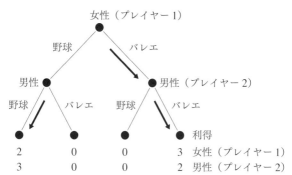

衡と呼ばれます。これはナッシュ均衡のうちの一つの特別なものです。これについては、後ほど説明します。

ゲームの木

展開形ゲームをさらに分析するには、これまで説明してきたゲームの木をもう少し厳密に描写する必要があります。ゲームの木は、プレイヤーが逐次的に動くとき、誰がどういう順番で動き、何を知っていて、何を選ぶことができて、どのような結果になるかをグラフで表したものです。図表 2-7 を使いながら、一般的な用語を導入しましょう。

まず、図表 2-7 を見ましょう。ゲームの木は、まず、点（図では●）と枝（点を結ぶ線—）からなります。ゲームは一番上から始まります。点を見ること

図表 2-7 ゲームの木：完全情報ゲームの場合

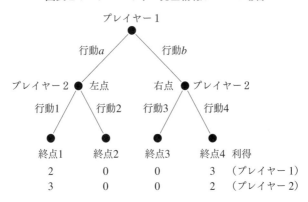

で、ゲームの進行度が分かり、どのプレイヤーの順番か、あるいはゲームが終わったのかが分かります。点は、手番と終点に分かれます。手番を表す点には、プレイヤーの名前があり、その名前の人が動きます。ここで、動くとは、点にいるプレイヤーが、その点から出ている枝を選ぶということを意味していて、枝が**行動**を表します。戦略形ゲームでは戦略が選ばれるのですが、展開形ゲームでは行動が選ばれることに注意しましょう。そして、ゲームが始まる一番上の手番を**初期点**と言い、これは誰かの行動の結果として選ばれる手番ではなく、ゲームの木には一つだけあり、ゲームがどこから始まるかが明らかになります。また、点から枝が出ていない、つまりそれ以上ゲームが進まない点が**終点**と呼ばれます。そして、終点には、プレイヤ

ーの利得があります。図表 2-7 を具体的に見てみると、4つの場合があります。

一つの場合を詳しく見ます。まず、プレイヤー1 が動きます。プレイヤー1 は、行動 a と行動 b のどちらかを選ぶことができます。プレイヤー1 が行動 a を選んだとしましょう。これにより、図表 2-7 で左点と書いてある手番に着き、プレイヤー2 の番になります。ここで、プレイヤー2 は、行動 1 か行動 2 のどちらかを選ぶことができます。行動 1 を取ると、次の点である終点 1 に着きます。この点から枝が出ていないので、ここでゲームが終了します。この終点には、利得が付いていて、上の数字がプレイヤー1 の利得、下の数字がプレイヤー2 の利得になります。一般に、利得の数値の並び方は、プレイヤーの動く順番にします。ここでは、終点 1 で、プレイヤー1 は利得 2、プレイヤー2 は利得 3 を得ることになります。

このゲームの木は、プレイヤー2 にとって、プレイヤー1 がどの行動を取ったか、つまりプレイヤー2 の手番として左点にあるのか右点にあるのかという情報が完全に分かっているということを表しています。このようなゲームを**完全情報ゲーム**と呼びます。一方、この情報が不完全にしか分からないようなゲームの木を書くこともできて、それを**不完全情報ゲーム**と呼びます。

この不完全情報ゲームを表すゲームの木は、図表

2-8 左のようになります。プレイヤー2 が左点か右点のどちらにいるのか分からないことを、左点と右点を囲むように○を書いて表します。このような囲った○に含まれる手番の集合をプレイヤー2 の**情報集合**と呼びます。一方、プレイヤー1 は一つの手番しかないので、プレイヤー1 の情報集合は一つの手番からなる情報集合になります。

ここで注意すべき点が一つあります。同じ情報集合にある手番からは、選べる行動は全く同じでないといけないということです。つまり、図表 2-8 の左では、左点で行動 1 と行動 2 が利用でき、右点でも（行動 3 と行動 4 ではなく）行動 1 と行動 2 が利用できるということです。というのも、もし違う行動が利用可能ならば、プレイヤー2 はそれを見てどの手番にいるかが分かってしまい、どの手番にいるか分からないという不完全情報に反してしまうからです。

一方、完全情報ゲームでは、すべてのプレイヤーがどの手番にいるかが分かっています。よって、すべての手番は、自分自身だけからなる○で囲まれ、情報集合となります。図表 2-8 の右では、プレイヤー1 は一つの情報集合、プレイヤー2 は、左点からなる情報集合と、右点だけからなる情報集合からなります。

すべてのプレイヤーの情報集合を集めたものを**情報構造**と言います。まとめると、ある特定のプレイヤーの情報集合は、そのプレイヤーの手番からなり、その

図表 2-8　ゲームの木における情報集合：不完全情報ゲーム（左）と完全情報ゲーム（右）

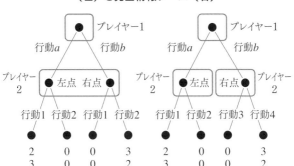

プレイヤーはどの手番に自分がいるか分からないことを表します。

展開形ゲームの戦略

展開形ゲームにおいて、あるプレイヤーの戦略とは、そのプレイヤーの情報集合の一つ一つに行動を指定したものです。言い換えると、戦略は、その情報集合に到達したらどのように行動するかという<u>条件付きの行動計画</u>のことです。

- 図表 2-8 の左：プレイヤー1の情報集合は一つだけなので、戦略には、行動 a という戦略と行動 b という戦略の二つがあります。同じように、プレイヤー2の情報集合も一つなので、戦略には行動1と行動2という二つの戦略があります。

- 図表 2-8 の右：プレイヤー1 は、図表 2-8 の左と全く状況が同じで、利用可能な戦略も変わりません。注意するのは、プレイヤー2 です。プレイヤー2 は、二つの情報集合（左点を含む情報集合と、右点を含む情報集合）があるので、戦略は、左点を含む情報集合で行動 1 か行動 2 を指定し、かつ右点を含む情報集合で行動 3 か行動 4 を指定しなければいけません。プレイヤー2 の戦略を

$$s_2 = \begin{pmatrix} \text{左点を含む情報} & \text{右点を含む情報} \\ \text{集合での行動} & , \text{集合での行動} \end{pmatrix}$$

と表すと、プレイヤー2 の戦略は次のように全部で 4 つあります。

1. (行動 1, 行動 3)：プレイヤー1 が行動 a を選んだ後に行動 1、行動 b を選んだ後に行動 3 を取るという条件付き行動計画。
2. (行動 1, 行動 4)：プレイヤー1 が行動 a を選んだ後に行動 1、行動 b を選んだ後に行動 4 を取るという条件付き行動計画。
3. (行動 2, 行動 3)：プレイヤー1 が行動 a を選んだ後に行動 2、行動 b を選んだ後に行動 3 を取るという条件付き行動計画。
4. (行動 2, 行動 4)：プレイヤー1 が行動 a を選んだ後に行動 2、行動 b を選んだ後に行動 4 を取るという

図表 2-9 レディーファーストのゲーム

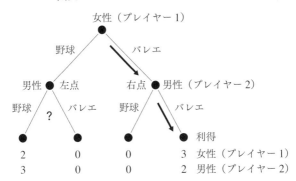

（注）男性が実際に取ったバレエだけが戦略でない例。：このゲームは完全情報ゲームで、情報集合は一つの手番からなるので省略している。

条件付き行動計画。

なぜこのように戦略を面倒な条件付き計画として考える必要があるのでしょうか。図表2-9を見ましょう。これは、これまで検討してきたレディーファーストのゲームです。ここでは、実際には、女性がバレエを選び、それを受けて男性がバレエを選んでいます。つまり、男性は右点でバレエを選び、左点で何を選ぶかは不明です。これは定義により、男性の戦略ではありません。女性が野球を選んだとき（左点）で、男性が何を選ぶかが不明だからです。女性の立場になって考えると、もし自分が野球を選べば、男性は何を選ぶかという先読みをしないと、自分がどれを選べばよい

のかが分かりません。したがって、プレイヤーの意思決定を考えるときには、すべての可能な状況で行動を考えるという戦略が必要になるのです。

ナッシュ均衡：
戦略形ゲームへの変換と信憑性のない脅し

展開形ゲームで戦略が定義できたため、プレイヤーが取る戦略により、展開形ゲームの終点に行き着き、利得が決まります（このときの一連の行動の流れを**経路**と言います）。このようにして、戦略形ゲームの定義の3つの条件(1)プレイヤーの集合、(2)各プレイヤーの戦略集合、(3)各プレイヤーについて、戦略プロファイルごとの利得が定義されるので、展開形ゲームを戦略形ゲームへと変換することができます。展開形ゲームでプレイヤーがどのような行動を取るかは、その変換された戦略形ゲームの均衡により分析できます。

例として、レディーファーストのゲームの戦略形ゲームは次のようになります。ナッシュ均衡は、3つ存在し、

$$
\begin{aligned}
&\text{ナッシュ均衡} \\
&= (\text{女性の戦略}, \text{男性の戦略}) \\
&= \begin{cases} (\text{野球}, (\text{野球}, \text{野球})) \\ (\text{バレエ}, (\text{野球}, \text{バレエ})) \\ (\text{バレエ}, (\text{バレエ}, \text{バレエ})) \end{cases}
\end{aligned}
$$

となります。

		男　性			
		(野球, 野球)	(野球, バレエ)	(バレエ, 野球)	(バレエ, バレエ)
女　性	野　球	2, 3	2, 3	0, 0	0, 0
	バレエ	0, 0	3, 2	0, 0	3, 2

まずナッシュ均衡の一つ(野球, (野球, 野球))、つまり、女性は野球を選び、男性はどんなときも野球を選ぶ場合について見ていきます。ゲームの木では図表2-10で表されます。

これがなぜナッシュ均衡になるのかを考えていきましょう。男性が常に野球を選ぶ場合、女性は野球を選ぶと利得2、バレエを選ぶと利得0になり、野球からバレエに変えるインセンティブはありません。女性が野球を選ぶ場合、男性は他の戦略に変えるインセンティブはありません。

女性がナッシュ均衡において、野球を選んだ理由は、もし自分がバレエを選ぶと男性は野球を選ぶと思うからです。しかし、実際に女性がバレエを選ぶと、男性はバレエに変えるインセンティブがあります。このように、均衡では実際には到達していない点で、実際に到達すれば変更するインセンティブがあるような行動を信憑性のない脅しと呼びます。

なぜ信憑性のない脅しと呼ぶのでしょう。実際には起こらない行動を取ると見せかけて、より有利になるように相手に行動するように促すため、脅しと呼びま

図表 2-10　レディーファースト：ナッシュ均衡（野球,（野球, 野球））における男性の信憑性のない脅し

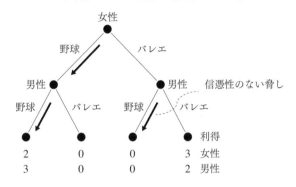

す。男性は、女性がバレエを選べば野球を選ぶと見せかけて、女性に野球を選ぶように仕向け、自分の好きな野球を選んでもらうのです。しかし、実際に相手が来ると、行動を変えてしまうため、信憑性のないということになります。

　大事な点は、均衡経路（均衡で生じる経路）で実際に起こる「女性が野球を選ぶ」というのは、均衡経路外の右点で「男性が野球を選ぶ」という信憑性のない脅しに基づいているということです。このような信憑性の脅しを除外するような均衡は、部分ゲーム完全均衡と呼ばれます。この均衡を説明する前に、部分ゲーム完全均衡導入のきっかけになったゼルテン（1994年ノーベル経済学賞受賞者）によるチェーンストア・ゲームと呼ばれる展開形ゲームを見てみましょ

図表 2-11 チェーンストア・ゲーム（左）、信憑性のない脅しを含むナッシュ均衡（右）。

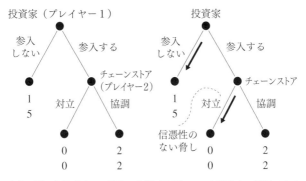

出典：岡田章著『ゲーム理論・入門（新版）――人間社会の理解のために』（有斐閣、2014年）の図6.2を参考に作成

う（図表2-11）。

このゲームのストーリーは次のようなものです。ある街に大手チェーンのコンビニが一つしかなく、市場を独占しています。一人の投資家がこの街に新しくコンビニを出店する（参入する）か、出店しない（参入しない）かを検討しているとします。投資家が出店しない場合、チェーンストアのコンビニはこれまで通り利潤5億円を得て、投資家は手元資金1億円が残ります。一方、投資家が出店する場合、コンビニは対立して競争し合い、両者とも利潤が0億円になります。コンビニは協調して競争を避けることもあり、そのときは、両者とも利潤が2億円になります。

このゲームでは、それぞれのプレイヤーの情報集合は一つだけなので、戦略は単純です。投資家の戦略は参入すると参入しないの二つで、チェーンストアの戦略は対立か協調の二つです。この戦略形ゲームとナッシュ均衡は次のようになります。

		チェーンストア	
		対立	協調
投資家	参入しない	1,5	1,5
	参入する	0,0	2,2

このゲームのナッシュ均衡は、

(投資家の戦略, チェーンストアの戦略)
$= \begin{cases} (参入しない, 対立) \\ (参入する, 協調) \end{cases}$

になります。

ここで、ナッシュ均衡の一つ(参入しない, 対立)というのが、チェーンストアの投資家が参入したら対立するという信憑性のない行動を含みます（図表2-11の右を参照）。これがナッシュ均衡であるのは、チェーンストアが対立するのを前提として、投資家には参入しないことが最適な戦略であるためです。また、投資家が参入しないことを前提として、チェーンストア

には対立することが最適な戦略となります。しかし、投資家がいったん参入すると、チェーンストアは対立するのではなく、協調するのが最適な行動であり、対立から協調に変更するインセンティブがあります。つまり、チェーンストアが対立するというのは、信憑性のない脅しということになります。

先読み推論：バックワード・インダクション

信憑性のない脅しが起こるのは、自分の一つ一つの行動に対して、相手がどの行動を取るかという<u>先読み</u>ができていないことから起こります。

レディーファーストのゲームでは（図表2-10参照）、女性がバレエを選んだ場合、男性は信憑性のない脅しの野球ではなく、バレエを選ぶという先読みができるはずです。チェーンストア・ゲームでは（図表2-11参照）、投資家が参入する場合、チェーンストアは信憑性のない脅しの対立ではなく、協調するという先読みができるはずです（図表2-12）。

このような先読みができた上で、レディーファーストのゲームでは、女性は野球を選ぶことで利得2を得て、バレエを選ぶことで利得3を得ます。よって、女性はバレエを選ぶことが最適になります。また、チェーンストア・ゲームでは、投資家は参入しないことで利得1を得て、参入することで利得2を得ます。よって、投資家は参入することが最適になります（図表

図表2-12 レディーファーストでの先読み（左）、チェーンストア・ゲームの先読み（右）

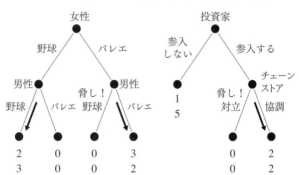

2-13）。

　このように後ろ向き（バックワード）に先読みして、ゲームの結果を見つける方法をバックワード・インダクションと言います。後ろ向き帰納法とも呼ばれます。この方法を使うと、必ず脅しのないナッシュ均衡を見つけることができます。バックワード・インダクションにより見つけたナッシュ均衡は、一般的に部分ゲーム完全均衡として定式化されます。

部分ゲーム完全均衡

　部分ゲーム完全均衡は、戦略プロファイルで、ゲームの木から作られる部分的なゲームのナッシュ均衡からなるものと定義されます。そこで、部分ゲームとは何かを説明したいと思います。

図表 2-13 バックワード・インダクションによるナッシュ均衡（部分ゲーム完全均衡）：レディーファースト（左）、チェーンストア・ゲーム（右）

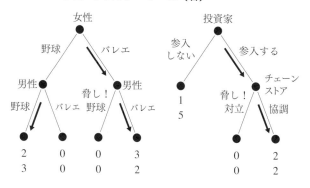

部分ゲームは、それ自体がゲームの木で、元のゲームの木から作ることができるものです。その作り方は、簡単に言えば、一つの手番のみからなる情報集合を指でつまんできれいに切り離せる部分的なゲームです。ここで、きれいにと言ったのは、元のゲームの木と切り離そうとするゲームの木が情報集合で絡まないようにという意味です。図表 2-14 を見ましょう。

部分ゲーム完全均衡は、元のゲームも部分ゲームとして含めて、すべての部分ゲームでナッシュ均衡になっているような戦略プロファイルと定義されます。完全情報のゲームでは、バックワード・インダクションによって求められた戦略プロファイルが部分ゲーム完全均衡になります。私たちの例の図表 2-13 では、レ

図表 2-14　部分ゲーム

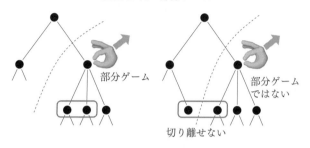

ディーファーストとチェーンストア・ゲームでバックワード・インダクションによる戦略プロファイルを求めましたが、これが部分ゲーム完全均衡になります。

4　不完備情報ゲーム

これまで戦略形ゲームや展開形ゲームでは、私たちはすべてのプレイヤーがゲームのルールを完全に知っていることを前提にして分析してきました。ここで、ゲームのルールというのは、戦略形ゲームであれば、ゲームに参加するプレイヤーは誰か、それぞれのプレイヤーの持つ戦略すべて、そして利得です。展開形ゲームであれば、ゲームの木自体でどのプレイヤーがどんな行動ができて、最終的にどれだけ利得が得られるかということを指します。このようなゲームのことを**情報完備ゲーム**と言います。一方、プレイヤーがゲー

ムのルールについて不完全にしか知らないようなゲームのことを**不完備情報ゲーム**と呼びます。

 私たちの社会で遭遇するゲームは、多くが不完備情報ゲームであると考えられます。例えば、ヤフオク！などのオークションでは、誰が参加しているか分かりませんし、ましてや参加している人が入札中のノートパソコンにいくらまでなら入札しようとしているかも分かりません。

 不完備情報ゲームは、1960年代後半にハーサニ（1994年ノーベル経済学賞受賞）によってベイジアン・ゲームとして定式化され、経済制度の分析に必要不可欠になっています。本書で後半扱うマッチングでもこの考え方はとても重要です。

例：融資の駆け引き

 ある銀行員のところに、新しいビジネスを立ち上げようとする経営者が融資について相談に来ます。銀行員は経営者とのやりとりで、ビジネスが成功するかどうかは、経営者の性格に大きくかかっており、勤勉か怠惰であるかは半々であると考えています。銀行員は融資するか否かを決めなければいけません。一方、経営者は、融資にかかわらず、働くか、そこそこに働いて遊ぶかのどちらかを選びます。このような状況が次の表で与えられているとします。

	勤勉な経営者 (確率50%)			怠惰な経営者 (確率50%)	
	働く	遊ぶ		働く	遊ぶ
銀行員 融資	9, 10	3, 4	銀行員 融資	6, 3	1, 6
融資しない	5, 5̲	5, 1	融資しない	5, 0	3, 3̲

この表を見て次のようなことが分かります。

- 経営者が勤勉であれば、経営者にとって働くが支配戦略になるので、経営者は働くはずです。そのように銀行員は予想するので、銀行員は融資することが最適です。
- 経営者が怠惰であれば、逆のことが起こります。経営者にとって遊ぶが支配戦略となるため、経営者は遊ぶはずです。この予想より、銀行員は融資しないことが最適です。

したがって、銀行員は、確率50%で（勤勉な）経営者は働き、確率50%で（怠惰な）経営者は遊ぶと予想できます。この予想の下で、銀行員は融資することの利得、融資しないときの利得を次のように計算します。

第2章 非協力ゲーム理論――個人のインセンティブ

- 銀行員が融資するとき、銀行員は確率50%で（勤勉な経営者は働くので）利得9、確率50%で（怠惰な経営者は遊ぶので）利得1を得ます。（上の表の○で囲った数字）。このとき、期待利得（利得の期待値）は、0.5×9＋0.5×1＝5 となります。
- 銀行員が融資しないとき、同じようにして、経営者は確率50%で利得5、確率50%で利得3を得ます（上の表の△で囲った数字）。このとき、期待利得は、0.5×5＋0.5×3＝4 となります。

したがって、融資するほうが高い期待利得につながるので、銀行員は融資します。

このようにして得ることができた、「銀行員は融資し、勤勉な経営者は働き、怠惰な経営者は遊ぶ」という結果は、ベイジアン均衡と呼ばれます。

私的情報と公的情報
先ほど分析した融資の駆け引きのゲームで、経営者

が勤勉であるか怠惰であるかは、経営者自身しか知らず、いくら経営者が自分は勤勉だとか怠惰なほうだと言っても、それが本当であるかどうか第三者は確認しようもありません。このような情報を**私的情報**あるいは**個人情報**と言います。典型的に、私たちの好みや性格は私的情報です。一方で、全員が知っているような情報を**公的情報**と言います。

　不完備情報ゲームは、このような私的情報をプレイヤーが持っているような状況です。これは一般にどう分析していいのか難しいですが、ハサーニはそれを変換してベイジアン・ゲームとして定式化して分析することを可能にしました。

　ベイジアン・ゲームでは、私的情報を持つプレイヤーを別々の異なるプレイヤーに見立てます。例えば、勤勉な経営者と怠惰な経営者というようにです。これらは二つとも同じプレイヤーなので、区別するために**タイプ**という言葉を使います。例えば、勤勉なタイプの経営者、怠惰なタイプの経営者というふうに使います。このとき、不完備情報という特徴を入れるために、あるタイプが実現する確率を想定します。この確率を**事前信念**あるいは**事前予想**と言い、この確率については公的情報で皆が知っていると考えます。融資の駆け引きゲームでの事前信念は、経営者のタイプが勤勉である確率は50％、怠惰である確率が50％でした。

　これまでのベイジアン・ゲームの記述は戦略形ゲー

図表 2-15 融資の駆け引き

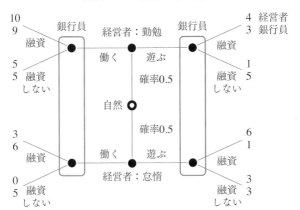

ムのように説明してきましたが、ゲームの木では仮想的に最初に**自然**というプレイヤーを導入し、自然がプレイヤーのタイプを確率的に選ぶというふうに変換できます（図表 2-15 参照）。

ベイジアン均衡

融資の駆け引きゲームでは、私的情報を持つプレイヤーが経営者だけという特殊な状況でした。しかし、実際には、複数のプレイヤーが私的情報を持つような場合が多くなります。このようなとき、あるプレイヤーは自分のタイプを知っているが、他のプレイヤーのタイプは分からないので、他のプレイヤーがどんなタイプであるかを確率的に評価します。

この確率は、自分があるタイプであるという情報を有利に使い、事前信念を更新できます。この更新には、ベイズ・ルールが使われ、事後信念と呼ばれます。それぞれのプレイヤーの全タイプが事後信念を使い、期待利得を計算して、一方的に行動を変更するインセンティブがないような行動の組み合わせのことを**ベイジアン均衡**と呼びます。これは、私たちが導入したベイジアン・ゲームにナッシュ均衡の考え方を適用したものです。この数学的な説明は、本書のレベルを超えるので、関心のある読者は巻末にある専門書を読んで下さい。

第3章 協力ゲーム理論
――集団のインセンティブ

1　協力ゲーム理論

第2章では非協力ゲーム理論を扱いました。非協力ゲームでは、プレイヤーが協力しないことを前提に議論するのではなく、個人に選択肢として戦略が与えられ、個別に意思決定するときにどのような結果になるかを考えました。非協力ゲームでも、どのようにプレイヤーが協力できるかを考えるときもあります。

一方、協力ゲーム理論では、個人には自由に選べる選択肢は与えられていない代わりに、他のプレイヤーと一緒に協力して行動するという選択肢が与えられます。そして、その選択肢を選べば、つまりプレイヤー同士が集まれば、皆でどれだけ利得が得られるかが分かったときに、どのような結果になるかを考えます。具体的には、どのような集団が形成されるか、そして、どのように利得を配分すればよいかに焦点が絞られます。また、協力ゲーム理論では、プレイヤーの集団のことを**提携**と呼びます。

協力ゲーム理論は、提携形ゲームによって表されます。さらに、提携形ゲームは、**譲渡可能効用ゲーム**と**非譲渡可能ゲーム**に分けられます。本章では、プレイヤーの利得が金額で表されるように、利得が譲渡可能であるような譲渡可能効用ゲームに焦点を絞り、協力ゲームの考え方を学びます。プレイヤー間で利得が譲

渡できないような非譲渡可能ゲームについては、後半のマッチングの章で取り上げます。

2 提携形ゲーム

100年に一度と言われるモビリティイノベーションが進行している中で、ライドシェア、カーシェア、タクシーの相乗りなど新しいサービスが登場しています。タクシー相乗りでは、利用者は一緒に乗ることで料金を節約できますが、多くの場合に経路が違います。そこで、どのようにして料金を割り勘すればよいかを、協力ゲーム理論を使って考えてみましょう。

＜例1　通勤時のタクシー相乗りの割り勘＞
ある街でタクシーを利用する場合、初乗り料金が500円、そして1 kmごとに100円の料金が追加されるとします。この設定は、実際の料金の計算とは違いますが、話を簡易的にするためです。ここで、誰か一人でも乗車していて、他の人が乗車したとき、乗車中の人が合意すれば、他の人には初乗り料金は発生せず、同乗者全員で1回だけの初乗り料金を支払えばよいと仮定します。同様に1 kmの走行料金100円は、同乗者全員で1回だけ支払うと仮定します。よって、複数の人が協力できるときに協力すれば、初乗り料金と走行料金を節約できます。

図表 3-1　居酒屋と一郎・二郎・三郎の下車の場所

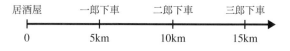

次のような状況を考えます。一郎、二郎、三郎の3人が飲み会の帰りに、終電がなくなり、居酒屋からタクシーで帰ることにしました。図表3-1のように、一郎の自宅は、居酒屋から5 kmの地点にあります。二郎の自宅は、一郎の自宅からさらに5 km先にあります。そして、三郎の自宅は、二郎の自宅からさらに5 km先にあります。

三人がタクシーに乗る際に、いろんな協力の仕方があり、料金を節約できます。まず、一人で全く協力せず、単独でタクシーで帰る場合です。そして、二人が協力して相乗りする場合です。最後に、三人全員で相乗りする場合です。協力ゲーム理論では、このようにプレイヤーの集まりが協力する場合を考えます。特に、プレイヤーの集合を**提携**と呼びます。それぞれの提携で、いくら費用（料金）を負担するかを考えましょう（提携内の人がどれだけ費用を負担するかは後ほど議論します）。図表 3-2 にすべての計算結果を掲載しています（一郎を1、二郎を2、三郎を3で表しています）。例えば、

- 1人提携には3種類あります。一郎だけの提携、二

図表 3-2　例1における提携ごとの費用

提携	総費用	提携	総費用
1	$c(1)=500+100\times 5$ $=1000$	1, 2	$c(1,2)=500+100\times 10$ $=1500$
2	$c(2)=500+100\times 10$ $=1500$	1, 3	$c(1,3)=500+100\times 15$ $=2000$
3	$c(3)=500+100\times 15$ $=2000$	2, 3	$c(2,3)=500+100\times 15$ $=2000$
		1, 2, 3	$c(1,2,3)=500+100\times 15$ $=2000$

郎だけの提携、三郎だけの提携です。ここでは、一郎の提携を考えます。初乗り料金が500円で、5kmの距離を移動するので、総費用は $500+100\times 5=1000$ 円になります。この費用を $c(1)$ と表すこととします。

- 2人提携は、一郎と二郎、二郎と三郎、三郎と一郎の3つの提携があります。例えば、一郎と二郎が提携し、二人が相乗りで合意できているとします。まず、一緒に初乗り料金500円を1回だけ支払います。二人が単独でタクシーに乗った場合はそれぞれ初乗り料金を支払うので、相乗りすることで一人分の初乗り料金500円を節約できます。そして、居酒屋から一郎の自宅まで5kmの間、二人は一緒に乗車します。そして、一郎が降りた後に、二郎がさらに5km乗ります。したがって、二人で10km分の

図表 3-3　例1における提携値

提携	提携値	提携	提携値
1	$v(1)=c(1)-c(1)$ $=0$	1, 2	$v(1,2)=c(1)+c(2)-c(1,2)$ $=1000$
2	$v(2)=c(2)-c(2)$ $=0$	1, 3	$v(1,3)=c(1)+c(3)-c(1,3)$ $=1000$
3	$v(3)=c(3)-c(3)$ $=0$	2, 3	$v(2,3)=c(2)+c(3)-c(2,3)$ $=1500$
		1, 2, 3	$v(1,2,3)=c(1)+c(2)+c(3)$ $-c(1,2,3)$ $=2500$

料金 $100\times10=1000$ 円を支払う必要があります。合計で 1500 円です。この費用を $c(1,2)$ と表すこととします。他の2人提携も同様に計算できます。

- 3人が提携し、三人とも相乗りに合意しているとします。この場合も、初乗り料金は一人分だけ支払います。三人が単独でタクシーに乗った場合は三人分の初乗り料金が必要なので、相乗りで節約できます。また、一郎は居酒屋から 5km 地点で降車し、10km 地点で二郎が降車し、15km 地点で三郎が降車するので、3人で 15km の移動分の料金は 1500 円になります。結局、三人が支払う総費用は 2000 円になります。この費用を $c(1,2,3)$ と表すこととします。

次に、協力することでどれだけ節約できたかを計算しましょう。特に、節約できた分は、提携による利益

であるので、**提携値**と呼ばれます。図表 3-3 にすべての計算があります。そのいくつかの計算の方法を紹介します。

- 1 人提携の場合：一郎だけの提携値 $v(1)$ を計算しましょう。一郎は、単独でタクシーに乗ったときの費用は $c(1)=1000$ 円です。1 人提携しても支払う費用は同じ $c(1)$ なので、節約できた分は変わらず提携値 $v(1)=c(1)-c(1)=0$ 円になります。
- 2 人提携の場合：一郎と二郎が協力したときの提携値 $v(1,2)$ を計算しましょう。それぞれ単独でタクシーに乗った場合、一郎は 1000 円支払い、二郎は 1500 円支払うので、二人合計で $c(1)+c(2)=2500$ 円支払います。一方、協力した場合、支払いは $c(1,2)=1500$ 円なので、提携値は節約分の $v(1,2)=2500-1500=1000$ 円になります。この中身は、初乗り料金の節約額 500 円と、居酒屋から 5 km 地点まで二人で乗ったので 5 km 分の 500 円（別々の場合には一人で 500 円、二人で 1000 円の支払い）です。
- 3 人提携の場合：全員が協力したときの提携値 $v(1,2,3)$ を計算しましょう。それぞれ単独の場合、一郎は 1000 円、二郎は 1500 円、三郎は 2000 円支払うので、三人合計で 4500 円支払います。一方、協力し相乗りした場合は、支払いは $c(1,2,3)=2000$ 円になり、提携値は $v(1,2,3)=4500-2000=2500$

円になります。この中身は、2人提携のように、初乗り料金と相乗りした移動距離による節約になります。

このように各提携値が得られるとすれば、その提携全体でどれだけの利得を得られるかということを考えます。ここで注意があります。非協力ゲーム理論は、提携自体がどのように協力できるかという細かい点を考えますが、協力ゲーム理論では、いきなり協力することを前提で議論を進めます。このことにより、協力ゲーム理論は、微細な点による複雑さを避け、大胆な議論が可能になります。

より数学的には、プレイヤーの集合 $N=\{1,2,...,n\}$ が与えられたとき、任意の提携 S が単独で行動して得られる利得の最大値を関数 $v(S)$ で表します。特に、この値を**提携値**と呼び、この関数 v のことを**特性関数**と呼びます。このような特性関数による分析には注意が必要です。それは、提携 S の値 $v(S)$ は、S だけで決まり、S に入っていないプレイヤーの提携の仕方はこの値に影響を与えないということです。

協力ゲームでは、

1. どのような提携が形成されるか、
2. そして実現した提携の中で提携値をどのように山分けするか

が重要な問題です。

例1を見ると、提携が大きくなると、提携値も大きくなっています。このような性質を持つゲームは、**優加法的**と呼ばれます。数学的には、お互い交わりを持たない提携Sと提携Tがあるとき、$v(S)+v(T) \leq v(S\cup T)$が成り立つことです。実際の費用分担のような問題では、多くの場合、この優加法性が満たされます。優加法的なゲームでは、上の問題「どのような提携が形成されるか」については、全員提携が生じると考えることが自然です。このようなこともあり、協力ゲーム理論では、全員提携が形成されると考え、二つ目の問題、全員提携で提携値$v(N)$をどのように山分けするかが主要な研究テーマです。そこで、本章でも全員提携が実現するとして、一人一人の取り分、つまり利得の配分をゲームの解として求めます。

配分の実現可能性、個人合理性とパレート効率性

優加法的なゲームでは、より大きな提携ほど大きな提携値が得られるので、全員が協力する全員提携が実現します。そのとき、一人一人がどれだけ利得を得られるかが重要になります。すべてのプレイヤーの利得を**配分**と呼びます。つまり、プレイヤーiの利得をx_iと表すと、配分とはそれらの組$(x_1, x_2,..., x_n)$になります。例えば、例1では、利得x_1は一郎のタクシー代の節約額です。一人一人の利得を並べたもの(ベクト

ル）(x_1, x_2, x_3) が配分になります。この配分は、全員が協力したときに得られる提携値を山分けしたものです。

では、配分として最低限満たすべき条件は何でしょうか。実現可能性、個人合理性とパレート効率性という三つの条件があります。

全員が協力して提携すれば、提携全体として提携値 $v(1,...,n)$ が得られます。これを一人一人に利得として分け与えるとき、その合計が $v(1,...,n)$ 以下でないと実現可能ではありません。つまり、配分 $(x_1,..., x_n)$ が**実現可能**であるとは、$\sum_{i=1}^{n} x_i \leq v(1,...,n)$ を満たすことです。例1では、全員提携により $v(1,2,3)=2500$ 円節約できます。一人一人の節約額 x_i の合計 $x_1+ x_2+ x_3$ が2500円以下というのが実現可能な配分です。

あるプレイヤーにとって、あまりにも利得が低いと、全員提携して協力するインセンティブがなくなります。誰もこのようなことがないというのが**個人合理性**です。言い換えれば、個人合理性は、すべての人が全員提携に参加するインセンティブを持たせます。

より詳しくこの点を説明します。配分が $(x_1,..., x_n)$ とします。プレイヤー i は、全員提携により利得 x_i を得ることができますが、協力せず単独で行動すれば提携値 $v(i)$ を得ることができます。もし $x_i < v(i)$ ならば、つまり、自分の利得が単独での行動による利得より低いならば、もちろん、全員提携から離脱するインセン

ティブが生じてしまいます。個人合理性は、このようなことがどのプレイヤーにも生じないこと、つまり、すべてのプレイヤーiが協力して得る利得x_iは、単独で行動したときの利得$v(i)$以上でなければならないというものです。数学的には、すべてのプレイヤーiについて$x_i \geq v(i)$が成り立つことです。

　三つ目の**パレート効率性**は、経済学で最も重要な条件の一つで、誰も悪くさせることなく一部の人を良くすることができないことを意味します。これはすべての人を良くすることをできないことも含まれます。詰まるところ、無駄がないということです。例えば、例1では、$v(1,2,3)=2500$で、三人で2500円まで節約できます。実現可能な配分として$x_1=x_2=x_3=500$を考えてみます。これはパレート効率的でありません。なぜなら、$y_1=1000, y_2=y_3=500$という別の実現可能な配分により、二郎と三郎は前と同じままで、一郎はより節約できるからです。より数学的に表すと、配分$(x_1,..., x_n)$がパレート効率的であるとは、すべてのプレイヤーiにとって$y_i \geq x_i$で、少なくとも一人のプレイヤーjにとって$y_j > x_j$となるような、実現可能な配分$(y_1,..., y_n)$が存在しないことです。この条件は、優加法的で譲渡可能な提携形ゲームでは、$x_1+...+x_n=v(1,...,n)$と論理的に等しくなります。

　提携形ゲームでは、実現可能性、個人合理性とパレート効率性を満たすような配分を考えることが多く、

本章でもこれらの条件を満たす配分を考えます。

そのような配分の中でも、どのような配分が実現するかに関して、よく用いられる解のコアとシャプレイ値を紹介します。

3　コア：集団のインセンティブ

協力ゲーム理論における譲渡可能効用ゲームと非譲渡可能ゲームのどちらにおいても解として中心的な役割を果たすのが、コアです。コアは、集団のインセンティブを考え、どの提携も離脱するインセンティブがないような配分の集まりとして定義されます。

例1を使って考えます。例えば、配分として $x_1 = x_2 = 100$、$x_3 = 2300$ を考えましょう。図表3-3より $v(1,2) = 1000$、$v(1,2,3) = 2500$ となることを思い出してください。この配分から、ある提携が離脱するインセンティブがあります。これを確認しましょう。この配分で、一郎は利得100円、二郎は利得100円を獲得します。しかし、二人だけで提携すると計1000円の利得が得られ、二人とも100円より多く山分けすることができます。例えば、新しい山分けとして一人500円、つまり $y_1 = y_2 = 500$ となる配分を考えましょう。この新しい配分の結果、最初に考えた配分 (x_1, x_2, x_3) では、一郎と二郎の提携が全員提携から逸脱して、新しく自分たちだけの提携を作るインセンティブがあ

り、実現しそうにありません。このようなとき、提携 $\{1, 2\}$ は配分 x をブロックすると言います。

より数学的に表現しましょう。**提携 S が配分 $(x_1,…, x_n)$ をブロックする**とは、次の二つの条件を満たすような配分 $(y_1,…, y_n)$ が存在することです。

- 実現可能性条件：$\sum_{i \in S} y_i \leq v(S)$ が成り立つことです。つまり、提携 S だけで得られる提携値 $v(S)$ を自分たちだけで山分けできて、提携 S 内で配分 $(y_1,…, y_n)$ が実現可能ということです。
- 選好条件：提携 S 内のすべてのプレイヤー i について、$y_i > x_i$ が成り立つことです。つまり、提携 S 内の誰もが新しい配分 $(y_1,…, y_n)$ のほうを好むということです。

コアとは、どんな提携によってもブロックされない配分の集合として定義されます。コアに入る配分を**コア配分**と呼びましょう。先ほどの例1で考えた配分 $(x_1, x_2, x_3) = (100, 100, 2300)$ はコアには入りません。というのも、確認した通り、提携 $\{1, 2\}$ がこの配分をブロックするからです。

コア配分が具体的にどのようなものになるかは、上記の定義ではよく分かりません。同等な定義として、**提携合理性**と呼ばれる条件があります。配分 $(x_1,…, x_n)$ が提携合理性を満たすとは、すべての提携 S につ

いて、$\sum_{i=1}^{n} x_i \geq v(S)$ が成り立つことです。

例1で、この提携合理性を用いて、コア配分 (x_1, x_2, x_3) を見つけましょう。

- 1人提携：$x_1 \geq 0$、$x_2 \geq 0$、$x_3 \geq 0$
- 2人提携：$x_1 + x_2 \geq 1000$、$x_1 + x_3 \geq 1000$、$x_2 + x_3 \geq 1500$
- 3人提携：$x_1 + x_2 + x_3 = 2500$

ただし、3人提携の式が等式であるのはパレート効率性によることに注意して下さい。これら不等式を満たす配分 (x_1, x_2, x_3) の集合がコアになります。例えば、

- $(x_1, x_2, x_3) = (500, 500, 1500)$
- $(x_1, x_2, x_3) = (500, 1000, 1000)$

などが上記の不等式すべてを満たし、コアに入ることが分かります。

例1では、配分は各プレイヤーの節約額であったので、実際に支払う料金は、単独での料金から配分での節約額を差し引いたものです。例えば、コア配分 $(x_1, x_2, x_3) = (500, 500, 1500)$ のとき、全員提携により、

- 一郎が支払う料金は、
  $c(1) - x_1 = 1000 - 500 = 500$ 円、
- 二郎が支払う料金は、
  $c(2) - x_2 = 1500 - 500 = 1000$ 円、
- 三郎が支払う料金は、
  $c(3) - x_3 = 2000 - 1500 = 500$ 円、

となります。

コアの問題点

コアに入る配分には、提携が離脱するインセンティブを持たないという頑健性があります。つまり、いったん配分が決まれば、そこから離脱しようという提携はありません。しかし、例1のコアの計算で見たように、コア配分は一つとは限りません。コア配分が複数ある場合、どの配分にすればいいのかは分かりません。例1で三人のタクシー代割り勘では、その候補が複数あれば三人は困ることになります。

また、コア配分がないようなときもあります。三人が協力すれば、それぞれ節約できるのに、コア配分によって割り勘しようとすると、答えがないということになります。これは、ゲームの解としては非常に困ります。

このようにコアの問題点を克服する別のアプローチがあります。それは、解として常に一つの配分だけが必ず存在することを解が満たすべき望ましい性質と考えて、それをコアの条件より優先することです。この方法で様々な解が提案されてきましたが、その中でも最もよく知られているシャプレイ値を紹介します。

4 シャプレイ値

シャプレイ値は、各プレイヤーの貢献度に応じて利得を配分するものです。例1を通して、シャプレイ値の考え方を紹介しましょう。参考にしやすいように図表 3-3 を図表 3-4 として提携値を再掲します。

タクシーに乗る際に、三人が順々に相乗りするとします。一人のプレイヤーが相乗りに加わるとき、どれだけ三人分の節約額（つまり、全員提携の提携値）を増やすことができるかを考えます。一人のプレイヤーの相乗りへの貢献度を**限界貢献度**と呼びます。例えば、相乗りの順序を一郎→二郎→三郎として、それぞれの限界貢献度を次のように計算します。

- 一郎が相乗りに参加するとき、タクシーには誰もおらず、節約はできません。つまり、誰もいない状態での提携値はゼロで、一郎だけが乗車したときの提携値はゼロで、提携値はゼロのままです。このとき、一郎の限界貢献度は $v(1)-0=0$ 円となります。
- 二郎が相乗りするとき、タクシーには一郎が乗っています。二郎が加わることで、1000 円節約できます。よって、二郎の限界貢献度は $v(1,2)-v(1)=1000$ 円となります。
- 三郎が相乗りするとき、タクシーには一郎と二郎が

図表 3-4 例1における提携値

提携	提携値	提携	提携値
1	$v(1)=0$	1, 2	$v(1,2)=1000$
2	$v(2)=0$	1, 3	$v(1,3)=1000$
3	$v(3)=0$	2, 3	$v(2,3)=1500$
		1, 2, 3	$v(1,2,3)=2500$

乗っています。三郎が加わることで、節約額が1000円から2500円に増えます。よって、三郎の限界貢献度は $v(1,2,3)-v(1,2)=2500-1000=1500$ 円となります。

相乗りの順序は、三人いるので、一郎→二郎→三郎、一郎→三郎→二郎、二郎→一郎→三郎、二郎→三郎→一郎、三郎→一郎→二郎、三郎→二郎→一郎のように合計6通りあります。この一つ一つの順序に対して、各プレイヤーの限界貢献度を計算できます。その結果を図表 3-5 に示します。

6通りの順序のそれぞれで、各プレイヤーの限界貢献度が分かり、その平均値が**シャプレイ値**になります。図表 3-5 より、一郎のシャプレイ値は約667円、二郎のシャプレイ値は約917円、三郎のシャプレイ値は約917円になります。これらは節約額であったので、シャプレイ値における料金は、

- 一郎は $c(1)-667=1000-667=333$ 円

図表 3-5　例 1 でのプレイヤーの限界貢献度

順序	一郎	二郎	三郎
1→2→3	$v(1)=0$	$v(1,2)-v(1)$ $=1000$	$v(1,2,3)-v(1,2)$ $=1500$
1→3→2	$v(1)=0$	$v(1,2,3)-v(1,3)$ $=1500$	$v(1,3)-v(1)$ $=1000$
2→1→3	$v(1,2)-v(2)$ $=1000$	$v(2)=0$	$v(1,2,3)-v(1,2)$ $=1500$
2→3→1	$v(1,2,3)-v(2,3)$ $=1000$	$v(2)=0$	$v(2,3)-v(2)$ $=1500$
3→1→2	$v(1,3)-v(3)$ $=1000$	$v(1,2,3)-v(1,3)$ $=1500$	$v(3)=0$
3→2→1	$v(1,2,3)-v(2,3)$ $=1000$	$v(2,3)-v(3)$ $=1500$	$v(3)=0$
平均値	$4000/6 \approx 667$	$5500/6 \approx 917$	$5500/6 \approx 917$

- 二郎は $c(2)-x_2=1500-917=583$ 円
- 三郎は $c(3)-x_3=2000-917=1083$ 円

になります。

また、以前に導いたコア配分が満たすべき不等式より、シャプレイ値はコアに入ることが確認できます。

シャプレイ値は、解が満たすべき望ましい性質を複数満たすことが知られています。ただし、一般的にシャプレイ値はコアに入るとは限らないことが知られています。この点については本書の範囲を超えるので、興味のある読者には、専門書、例えば、岡田章著『ゲーム理論・新版』（有斐閣、2014 年）を薦めます。

第4章 二部マッチング市場

1　二部マッチング市場の分類

マッチング理論には、大まかに二つのタイプの市場があります。一つが本章で取り上げる二部マッチング市場で、人々が二手に分かれ、一方の側の人が他方の側の人とマッチする状況を考えます。そのマッチングの方法として、ゲールとシャプレイによるDAメカニズム（受入保留；deferred acceptance）が中心的な役割を果たします。

もう一つは、次章で扱う配分マッチング市場で、二部マッチング市場の一方の側の人が非分割財に代わり、人と非分割財がマッチする（人に財を配分する）状況を考えます。そのマッチングの方法として、ゲールによるTTCメカニズム（最良交換サイクル；top trading cycles）が中心的な役割を果たします。

この二つのメカニズム（マッチングの方法）は非常に重要で、実際の市場でデザインする場合には、どちらか一方を現実に合わせて改良することがほとんどです。本章と次章では、両市場を説明し、上記のメカニズムを詳述し、実際の市場で応用例を紹介します。

二部マッチング市場は、まず、人々が二手に分かれます。二手に分かれるので二部という言葉をマッチング市場の前に付けます。そして、一方の側にいる人が他方の側にいる人とマッチしたい（一緒になりたい）

図表 4-1 二部マッチング市場の分類（イメージ）

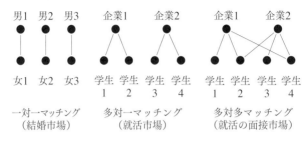

一対一マッチング　　多対一マッチング　　多対多マッチング
（結婚市場）　　　　（就活市場）　　　　（就活の面接市場）

かについて選好を持っているような状況を扱います。例えば、人々は男性と女性に分かれ、男性はどの女性とマッチしたいかについて選好を持ち、女性もどの男性とマッチしたいかについて選好を持ちます。大学生の就活市場においては、大学生と企業という二手があり、大学生はどの企業で働きたいかという選好を持ち、企業もどの学生を採用したいかという選好を持ちます。図表 4-1 を参照して下さい。

　二部マッチング市場の結果はマッチング、つまり誰と誰がマッチするかを表したものになります。女性と男性のマッチングとして結婚を考えると、どの女性も一人の男性とマッチするか、誰ともマッチしません。また、どの男性も一人の女性とマッチするか、誰ともマッチしません。つまり、どの人も他方の人とせいぜい一人しかマッチできません。このような二部マッチング市場は一対一と呼ばれます。一対一の二部マッチ

ング市場は、その典型例が結婚なので、最初に考案したゲールとシャプレイ以来、結婚市場（あるいは結婚問題）と呼ばれます。結婚に市場を付けた結婚市場という用語は馴染みがないかもしれません。市場という用語は、価格を通した取引というイメージが強いと思いますが、その市場という概念をより広く捉えて、価格を介することなく財やサービスを提供したい人（供給者）と欲する人（需要者）が出会う場として定義しましょう。また、就活市場は多対一の二部マッチング市場と呼ばれます。というのも、一方の側の学生は他方の側にいる企業とせいぜい一社しかマッチしないのに対して、企業は多くの学生とマッチするからです。

　1章でも触れましたが、この市場は、自分が相手を選ぶと同時に、自分も相手により選ばれることに特徴があります。この特徴により、通常の価格だけを見た需要供給分析は、人々が自由に相手を決める分権的市場を対象にしているので、二部マッチング市場においては十分ではありません。

　本章では、二部マッチング市場の理論を説明するとともに、実際の市場をどのようにデザインすればよいかという点を考えます。

2　一対一マッチング：結婚市場

　一対一の二部マッチング市場を考えます。ここでは、分かりやすさのために、男性と女性とのマッチを対象とする結婚市場を考えますが、売り手と買い手とのマッチも分析の対象になるときもあります。例を通して、マッチング市場の主な考え方を説明します。

　＜例1　結婚市場＞
　ある婚活パーティでは、参加者がお互いを知り、パーティの終わりには、ルールとして各人は多くても一人だけから連絡先を交換できることになっています。相手がいなければ、独りで帰ってもよいことにしましょう。
　今、一郎と二郎の男性2名、一葉（いちよう）と二葉（ふたば）の女性2名だけが参加しているとしましょう。男性陣には一葉が人気で、一郎も二郎も相手として第1希望です。一郎は、一葉とだけマッチしたく、二葉であればマッチせず独りでもよいと思っています。二郎は、独りよりも、二人のうちどちらかとマッチしたいと考えています。一方、女性陣にとっては、一郎が第1希望、二郎が第2希望で、どちらも素敵な男性に見えるようです。この状況を図表4-2で表します。

図表 4-2　選好表：左の表は選好表で、右の表は選好表を記号で表したもの

$\succsim_{一郎}$	$\succsim_{二郎}$	$\succsim_{一葉}$	$\succsim_{二葉}$		$\succsim_{m1}$	$\succsim_{m2}$	$\succsim_{w1}$	$\succsim_{w2}$
一葉	一葉	一郎	一郎		w_1	w_1	m_1	m_1
一郎	二郎	二郎	二葉	⇒	m_1	w_2	m_2	m_2
二葉	二郎	一葉	二葉		w_2	m_2	w_1	w_2

各人の好き嫌いは選好で表され、表の上にいるほど高い希望順位を表す。例えば、一葉の選好 $\succsim_{一葉}$ は、第1希望は一郎、第2希望は二郎、第3希望は独りになることとなっている。右の表は、左の選好表を記号を用いて書き直したもの。

　各人にとっては異性とマッチするか独りになるかのどちらかが結果になるので、各人はマッチする可能性のある相手に対して誰とマッチしたいのかについて選好（希望順序）を持ちます。例えば、一郎は、一葉か二葉、あるいは自分自身とマッチできます。そして、図表4-2における一郎の選好 $\succsim_{一郎}$ では、第1希望が一葉とマッチ、第2希望が自分自身とマッチ、第3希望が二葉とマッチすることです。

　一般に、**結婚市場**は、3つの要素からなります。
1. p 人の男性 $m_1,…, m_p$、男性の集合を $M = \{m_1,…, m_p\}$ と表します。
2. q 人の女性 $w_1,…, w_q$、女性の集合を $W = \{w_1,…, w_q\}$ と表します。
3. 各男性 $m \in M$ は、女性陣 $w_1,…, w_q$ と自分自身 m のうち誰とマッチしたいかについて選好 $\succsim_m$ を持ちま

す。そして、各女性 $w \in W$ は、男性陣 $m_1, ..., m_p$ と自分自身 w のうち誰とマッチしたいかについて選好 $\succsim_w$ を持ちます。自分自身とマッチするということは、どの異性ともマッチせず、独りになるということを意味しています。特に、選好は強い選好を常に考えます。これは、複数のマッチ相手が同順位にならないことを意味し、各人が相手を上から希望順に一人ずつ書くことができるということです。すべての人の選好を集めたものを選好プロファイルと呼びます。

ここでは、男性は man なので、一郎を m_1、二郎を m_2 で表し、女性は woman なので一葉を w_1、二葉を w_2 で表します。

結婚市場は、図表 4-2 のように全員の選好を書くことにより簡潔に表せます。一見すると、結婚市場は簡潔すぎて、分析するほどではないと思うかもしれません。この問題の複雑さは、選好が人々の間で異なってもよく、選好の数が非常に多くなることに起因します。例えば、例1では、各人は自分自身も含めて3人のマッチ相手を持ち、選好の数は6通りです。たった4名の男女の市場にもかかわらず、選好プロファイルは $6 \times 4 = 24$ 通りもあります。これが、例えば男女がそれぞれ5名いる場合には、選好プロファイルは $6! \times 10 = 7200$ 通りにもなります！

マッチング

結婚市場の結果は男性と女性の**マッチング**です。マッチングは、一人一人にマッチの相手を指定するような関数 $\mu: M \cup W \to M \cup W$ です。ここで、$M \cup W$ は、すべての男性と女性を合わせた集合のことです。例えば、$\mu(m)$ は男性 m のマッチ相手、$\mu(w)$ は女性 w のマッチ相手を表します。

マッチングには4つの条件が課されます。一つ目は、男性 m のマッチ相手は、女性であるか自分自身であることです。二つ目は、女性 w のマッチ相手は男性であるか自分自身であることです。三つ目は、男性 m のマッチ相手が女性 w であるならば、女性 w のマッチ相手は男性 m であるということです。四つ目は、二人の人が同じ人にマッチしないという条件で、数学的には関数が一対一であることです。

本書では、分かりやすさのため、選好表で、マッチの相手に下線を引くことでマッチングを表現します。例えば、例1で m_1 と w_1 がマッチ、m_2 と w_2 がマッチすることを図表4-3のように表します。

ここから先では、結婚市場を例として、どのようなマッチングが望ましいかを検討していきます。

個人合理的なマッチング

マッチしてしまうよりも独りでいるほうが嬉しいような相手とは、マッチしたくはないでしょう。そのよ

図表 4-3　選好表上に表したマッチング

$\succsim_{m1}$	$\succsim_{m2}$	$\succsim_{w1}$	$\succsim_{w2}$
$\underline{w_1}$	w_1	$\underline{m_1}$	m_1
m_1	$\underline{w_2}$	m_2	$\underline{m_2}$
w_2	m_2	w_1	w_2

うな相手を**許容不可能**な（あるいは**許容可能でない**）相手と言います。反対に、許容不可能でない相手を**許容可能**な相手と言います。より正確には、男性 m にとって許容不可能な相手 w とは、男性 m が女性 w よりも独りになることを好む、つまり $m \succ_m w$ が成り立つような人です。一方、男性 m にとって許容可能な相手 w とは、男性 m が独りになるよりもマッチしたい女性 w のことで、$w \succ_m m$ が成り立つような女性のことです。

例えば、図表4-4 では、一郎 m_1 にとって、一葉 w_1 は許容可能な相手であり、二葉 w_2 は許容不可能な相手になります。同様にして、女性にとって許容不可能・許容可能な相手も定義することができます。

マッチングが満たすべき最低限の性質とは何でしょうか。それは、マッチする異性が許容可能ということでしょう。というのも、ある人にとってマッチ相手が許容不可能ならば、その人はマッチから抜け出して独りになるからです。このようなマッチングを**個人合理的**と言います。正確には、マッチング μ が個人合理的

図表 4-4　一郎にとっての許容可能・不可能な相手

$\succsim_{m1}$	
$\underline{w_1}$	許容可能
m_1	
w_2	許容不可能

であるとは、異性にマッチするすべての人 i について $(\mu(i) \neq i)$、$\mu(i) \succ_i i$ が成り立つことです。

ここで、二点注意が必要です。まず、異性とマッチするとき、マッチングの定義により、$\mu(i) \neq i$ が成り立つことです。ここで、強い選好を仮定したので、$\mu(i) \succ_i i$、または $i \succ_i \mu(i)$ が成り立ちます。個人合理的なマッチングでは、後者の場合は決して起こりません。

例えば、図表 4-5 に示したマッチングを見てください。図表 4-3 と同じこのマッチングは、個人合理的です。なぜなら、このマッチングでは、全員のマッチの相手が自分自身より上にあるからです。つまり、全員が、独りでいるよりもマッチ相手といるほうが好ましいと考えているのです。

安定的なマッチングとコア

婚活パーティの終了時に決まるマッチングは個人合理的でさえあればいいのでしょうか。これを考えるために、この章の例 1 を少しだけ変更した結婚市場（図表 4-6、104 ページ）を考えましょう。

図表 4-5　個人合理的なマッチング

$\succsim_{m1}$	$\succsim_{m2}$	$\succsim_{w1}$	$\succsim_{w2}$
$\underline{w_1}$	w_1	$\underline{m_1}$	m_1
m_1	$\underline{w_2}$	m_2	$\underline{m_2}$
w_2	m_2	w_1	w_2

＜例2（不安定なマッチング）＞

例1と同様に、二人の男性と二人の女性がいます。男性陣にとっては、一葉が最も良く、次に二葉です。女性陣には、一郎が最も良く、次が二郎です。例1と違うのは、一郎 m_1 の選好だけです。そして、婚活パーティの主催者が勝手に図表4-6のようなマッチングを発表したとしましょう。このとき、何が起こるでしょうか。

このマッチングで、女性に一番人気の一郎 m_1 と、男性に一番人気の一葉 w_1 はマッチできていません。一郎は「私は、今の相手よりもあなたとマッチしたい」と一葉に声をかけ、一葉は「私も、今の相手よりもあなたとマッチしたい」と答えるでしょう。このとき、一郎と一葉は相思相愛なので、主催者の発表を無視して、自分たちだけでマッチができてしまいます。つまり、主催者の発表したマッチングでは、参加者が自分の相手に不満で、勝手にマッチができてしまうのです。そのような婚活パーティはうまくいきそうにないでしょう。このような状況が生まれるマッチングは

図表 4-6　不安定なマッチング

$\succsim_{m1}$	$\succsim_{m2}$	$\succsim_{w1}$	$\succsim_{w2}$
w_1	$\underline{w_1}$	m_1	$\underline{m_1}$
$\underline{w_2}$	w_2	$\underline{m_2}$	m_2
m_1	m_2	w_1	w_2

不安定なマッチングと呼ばれます。そして、このようなことが決して起こらないようなマッチングは**安定的な**マッチングと呼ばれます。

　安定的なマッチングをより正確に定義しましょう。そのために、**個人によるブロック**と**ペアによるブロック**を導入します。個人 i（男性でも女性でもよい）がマッチング μ をブロックするとは、マッチ相手 $\mu(i)$ よりも自分自身がよいこと、つまり $i \succ_i \mu(i)$ が成り立つことです。言い換えれば、個人 i にとってマッチ相手 $\mu(i)$ が許容不可能ということになります。個人によるブロックが起こるということは、その個人がマッチングから離脱するインセンティブを持つことを意味します。したがって、マッチングが個人合理的なことと個人のブロックがないことは同じことになります。

　次に、男女のペア (m, w) がマッチング μ をブロックするとは、男女共に μ よりもお互いがマッチするほうがよい、つまり $w \succ_m \mu(m)$ と $m \succ_w \mu(w)$ が成り立つことです。言い換えると、マッチングをブロックするペアには、マッチング μ から離脱するインセンティブが

あります。例 2 では、ペア (m_1, w_1) がブロックするペアになります。

マッチングが**安定的**とは、ブロックするような個人とペアがいないことを言います。言い換えると、安定的なマッチングでは、どの個人もどの男女のペアも離脱するインセンティブがありません。以下では、簡略化のため、安定的なマッチングを安定マッチングと呼びます。

例えば、例 2 の結婚市場で、図表 4-7 に示されるマッチングは安定的です。なぜかを考えてみましょう。図表 4-7 のマッチングでは、一番人気同士の一郎 m_1 と一葉 w_1 がマッチし、二郎 m_2 と二葉 w_2 がマッチしています。このマッチングが個人合理的なことはすぐに分かります。したがって、個人によるブロックはありません。次に、ペアによるブロックを考えます。このマッチングでは、一郎と一葉は両者とも第 1 希望とマッチしているので、ペアを作り、ブロックしようとはしません。二郎 m_2 は第 2 希望の二葉 w_2 とマッチしていますが、二葉よりも第 1 希望の一葉 w_1 とマッチしたいと思っています。しかし、一葉 w_1 は既に第 1 希望とマッチしているので、二郎とわざわざ逸脱するインセンティブを持たず、二郎は一葉とペアになってブロックしません。また、二葉も第 2 希望の二郎 m_2 とマッチしており、第 1 希望の一郎 m_1 とマッチしたいと思っています。しかし、一郎 m_1 は既に第 1 希望

図表 4-7　安定マッチング

$\succsim_{m1}$	$\succsim_{m2}$	$\succsim_{w1}$	$\succsim_{w2}$
$\underline{w_1}$	w_1	$\underline{m_1}$	m_1
w_2	$\underline{w_2}$	m_2	$\underline{m_2}$
m_1	m_2	w_1	w_2

の相手とマッチしているので、二葉は一郎とペアになってブロックしません。したがって、このマッチングをブロックするペアはおらず、結果として安定的になります。

実は、この安定マッチングは、第3章で学んだコアに入ります。ただし、第3章でのコアは、効用をプレイヤー間で譲渡できるような提携形ゲームに対しての概念でした。一方、本章で扱うマッチング市場では、選好だけしか定義されておらず、選好を表す効用関数もありませんし、効用を譲渡できません。このような状況は、非譲渡可能ゲームとして定義されます。非譲渡可能ゲームは、非常に一般的に定義され、本書で扱うレベルを超えています。しかし、マッチング市場でコアを定義することは比較的簡単で、一般的な非譲渡可能ゲームを導入する必要はありません。

結婚市場でのコアを定義しましょう。ここでは、配分としてマッチングがコアに入るかを見ます。直感的に、コアは、どの提携も離脱するインセンティブがないようなマッチングの集合と定義できます。まず、提

携とは男女の集合のことです。第3章では提携が配分をブロックすることに対して、実現可能性条件と選好条件の二つを満たすこととしました。この二つの条件を結婚市場に合うように修正します。**提携Sがマッチングμをブロックする**とは、次の二つの条件を満たすようなマッチングμ'が存在することです。

- 実現可能性条件：提携S内のすべての個人iについて、新しいマッチ相手$\mu'(i)$は提携Sに入る。つまり、提携S内の男女だけでマッチしてμ'が実現可能ということです。
- 選好条件：提携S内のすべての個人iについて、新しいマッチ相手$\mu'(i)$のほうが古いマッチ相手$\mu(i)$よりも良い。つまり、$\mu'(i) \succ_i \mu(i)$が成り立ちます。

コアは、どんな提携にもブロックされないマッチングの集合と定義できます。実は、コアと安定的なマッチングの集合は一致することが知られています。この意味を考えましょう。安定マッチングが個人とペアだけのブロックがないことを要求するのに対して、コアに入るマッチングは個人もペアも含めた提携がブロックしないことを要求しています。したがって、コアに入るマッチングは安定マッチングになることは明らかでしょう。一方、上記の一致の結果は、安定マッチングはコアにも入ることを意味しています。つまり、個

人とペアのブロックさえ考えれば、より大きな3人以上からなる提携を考えなくても、コアを検討できるということです。

パレート効率性

第3章でも述べた通り、パレート効率性は、経済学における中心的な概念で、ざっくり言うと無駄がないという性質です。その強弱によって、二つの効率性があります。マッチングが弱パレート効率的というのは、全員を良くすることができないというものです。一方、マッチングが（強）パレート効率的というのは、他の人を悪くさせずに少なくとも一人は良くすることができないというものです。

実は、安定マッチングは弱パレート効率的です。これは安定マッチングがコアに入ることから簡単に見ることができます。コアに入るマッチングとは、どんな提携にもブロックされることはないマッチングでした。特に、全員提携でもこのマッチングをブロックできないので、全員を良くすることはできないのです。また、安定マッチングは、強いほうのパレート効率性を満たすことも知られています。

DAアルゴリズムと安定マッチングの存在

安定マッチングは、どの個人もペアも逸脱するインセンティブがないという意味で頑健です。安定マッチ

ングの集合とコアは一致するので、安定マッチングには、第3章で議論したコアで生じる二つの問題（存在しないこと、そして存在する場合複数あること）があるかもしれません。では、まず、最初の問題として、安定マッチングは常に存在するのでしょうか。

ゲールとシャプレイは、1962年に発表した画期的な論文で、結婚市場を導入し、安定マッチングを定義し、安定マッチングの存在を示しました。彼らがその存在を示すために用いたのが、安定マッチングを常に選び出す手続き（アルゴリズムと言います）で、DAアルゴリズム（deferred acceptance algorithm）と呼ばれるものです。DAアルゴリズムは、日本語では受入保留アルゴリズムと呼ばれますが、私は常にDAアルゴリズムと呼ぶことにしており、本書でもそうします。

DAアルゴリズムは、結婚市場での選好プロファイルが与えられたときに従う手続きのことです。その記述内では個人がプロポーズを提案したり拒否したりしますが、実際に個人が行動するわけではないことに注意しましょう。

男性側（提案）DAアルゴリズム
- ステップ1：それぞれの男性が、許容可能な女性の中で最も好きな女性にプロポーズ（提案）します。許容可能な女性がいない男性はプロポーズしませ

ん。プロポーズを受けた女性は、許容不可能な男性を拒否し、自分にプロポーズしてきた男性の中で最も好きで許容可能な男性を一人だけ<u>一時的</u>に受け入れ、残りを断ります。

- *ステップ $s(\geq 2)$*：前のステップで断られた男性は、まだ断られていない、許容可能な女性の中で最も好きな女性にプロポーズします。許容可能な女性がいなくなった男性は、プロポーズしません。新しくプロポーズをもらった女性は、許容不可能な男性を断り、<u>新しくプロポーズしてきた男性と前のステップで一時的に受けれた男性を一緒にまとめて考えて</u>、その中で最も好きで許容可能な男性を一人だけ<u>一時的に</u>受け入れます。

このアルゴリズムは、断られる男性がいなくなったステップで終了します。終了したステップでは、すべての男性は、ある一人の女性に受け入れられているか、あるいは許容可能な女性すべてから断られています。このアルゴリズムで生じるマッチングは、終了したステップにおいて、女性陣が一時的に受け入れている男性を最終的に受け入れてマッチすることで決定されます。また、プロポーズをもらえなかった女性、そしてすべての許容可能な女性から断られた男性は、自分自身とマッチします。

このアルゴリズムは、無限に続くことはなく、あるステップで必ず終了します。なぜなら、男性は許容可

能な女性を好きな順にプロポーズしているので、ステップが進むたびに許容可能な女性の総数は減少していき、ずっとアルゴリズムが続いた場合には、どの男性も許容可能な女性がいなくなるからです。

　DAは、先にも説明しましたが、deferred acceptance の略で、受入が保留されるということを意味しています。つまり、各ステップで女性の受け入れは一時的、つまり保留であり、後のステップで新たにプロポーズしてくる男性を加えて、再び一時的な受け入れが考慮されます。したがって、あるステップで男性が女性に受け入れられたとしても、それはマッチが決定したことを意味せず、あくまでも一時的だということがDAアルゴリズムの本質的なポイントです。

　このアルゴリズムで生まれるマッチングを、**男性側（提案）DAマッチング**、あるいは、混乱がない場合には単に**DAマッチング**と呼ぶこととします。男性と女性の役割を交換して、女性がプロポーズするようなアルゴリズムを考えることができます。このアルゴリズムを**女性側（提案）DAアルゴリズム**と呼びます。

　ゲールとシャプレイは、この男性側（提案）DAマッチングが安定的になることを示して、どんな結婚市場にも安定マッチングが存在することを証明しました。

　実際のDAアルゴリズムの実行例を見てみましょう。

図表 4-8 例 3 の選好プロファイル

$\succsim_{m1}$	$\succsim_{m2}$	$\succsim_{m3}$	$\succsim_{w1}$	$\succsim_{w2}$	$\succsim_{w3}$
w_2	w_1	w_1	m_1	m_2	m_3
w_3	w_2		m_3	m_1	m_1

※ここでは、許容可能な相手の選好順位だけを載せている。

<例3>

一郎(m_1)、二郎(m_2)、三郎(m_3)の3名の男性がいます。また、一葉(w_1)、二葉(w_2)、三葉(みつは、w_3)の3名の女性がいます。これらの男女は図表4-8のような選好を持っているとします。

男性側(提案)DAアルゴリズムを実行します。このとき、以下のような表を用いて実行すると各ステップの動きが分かり、理解しやすくなります。

ステップ1:m_1 が第1希望の w_2 にプロポーズし、m_2 が第1希望の w_1 にプロポーズし、そして m_3 が第1希望の w_1 にプロポーズします。よって、w_1 は m_2 と m_3 からプロポーズをもらい、w_2 は m_1 からプロポーズをもらい、w_3 は誰からもプロポーズをもらいません。これを

	w_1	w_2	w_3
ステップ1	m_2, m_3	m_1	

と表します。w_1 は2名(m_2 と m_3)からのプロポーズ

があり、m_2 は許容不可能なので断り、m_3 だけが許容可能なので、m_3 を一時的に受け入れます。これを

	w_1	w_2	w_3
ステップ1	~~m_2~~, m_3	m_1	

と書きます。このステップで m_2 が断られたので、次のステップに進みます。

<u>ステップ2</u>：ステップ1で断られた m_2 には、許容可能でまだプロポーズしていない女性として w_2 がいます。よって、m_2 はこの w_2 にプロポーズします。これにより、w_2 は、ステップ1で受け入れた男性 m_1 と新たにプロポーズしてきた男性 m_2 をまとめて考慮します。どちらの男性も許容可能なので、w_2 は2人の男性 m_1 と m_2 のうち、好きな m_2 を一時的に受け入れて、m_1 を断ります。これを

	w_1	w_2	w_3
ステップ1	~~m_2~~, m_3	m_1	
ステップ2		~~m_1~~, m_2	

と書きます。ここで、w_1 はプロポーズをもらわなかったので、ステップ2では空白にしていますが、ステップ1で一時的に受け入れた m_3 を引き続いてステップ2でも一時的に受け入れます。また、w_3 はステップ2でもプロポーズをもらわなかったので、表では空白にしています。

ステップ3：ステップ2で断られたm_1には、許容可能でまだプロポーズをしていない女性としてw_3がいます。よって、m_1はこのw_3にプロポーズします。w_3には、前ステップで受け入れた男性はおらず、新たにプロポーズしてきたm_1だけを考慮します。よって、w_3はm_1を一時的に受け入れます。残りの女性w_1とw_2には新たにプロポーズしてきた男性はおらず、前ステップで一時的に受け入れた男性だけを考慮し、そのまま一時的に受け入れます（下記の表では空白です）。どの男性も断られないので、このステップでアルゴリズムは終了します。表で表すと

	w_1	w_2	w_3
ステップ1	~~m_2~~, m_3	m_1	
ステップ2		~~m_1~~, m_2	
ステップ3			m_1

となります。

そして、アルゴリズムで生まれるマッチングでは、ステップ3で一時的にマッチしている男女が最終的にマッチすることになります。

以上のアルゴリズムの実行過程は図表4-9のようにまとめることができます。以降、本書ではDAアルゴリズムの実行過程を図表4-9のように表します。

DAマッチングの異性間の意見の対立

まず、次のような例で、男性側DAマッチングと女

図表4-9　例3における男性側提案DAアルゴリズムの実行過程

男性側DA	w_1	w_2	w_3
ステップ1	~~m_2~~, m_3	m_1	
ステップ2		~~m_1~~, m_2	
ステップ3			m_1
マッチ	m_3	m_2	m_1

性側DAマッチングを求めてみましょう。

＜例4＞

一郎と二郎の2名の男性、そして一葉と二葉の2名の女性がいます。彼らは図表4-10のような選好を持っているとします。すぐに分かるように、男性側提案DAアルゴリズムはステップ1で終了し、そのマッチングを図表4-10の上線で示します。同様に、女性側提案DAアルゴリズムもステップ1で終了し、そのマッチングを図表4-10の下線で示します。

図表4-10をよく見てみましょう。すべての男性は、女性側DAマッチングよりも男性側DAマッチングを好みます。なんと、この好みが女性では反対になります。つまり、すべての女性は、男性側DAマッチングよりも女性側DAマッチングを好みます。これは偶然なのでしょうか。実は、偶然ではありません。どんな結婚市場にも成り立ちます。より驚くべきことが言えます。それは、<u>男性側</u>DAマッチングは、安定マッチ

図表 4-10　例 4 の選好プロファイル

$\succsim_{m1}$	$\succsim_{m2}$	$\succsim_{w1}$	$\succsim_{w2}$
$\overline{w_1}$	$\overline{w_2}$	$\overline{m_2}$	$\overline{m_1}$
$\underline{w_2}$	$\underline{w_1}$	$\underline{m_1}$	$\underline{m_2}$

※上線は男性側 DA マッチング、下線は女性側 DA マッチングを表す。

ングの中で、すべての男性にとって最も好きな安定マッチングになり、すべての女性にとって最も嫌いな安定マッチングになるということです。一方、女性側 DA マッチングは、安定マッチングの中で、すべての女性にとって最も好きな安定マッチングになり、すべての男性にとって最も嫌いな安定マッチングになります。この意味で、男性側 DA マッチングと女性側 DA マッチングを比べて、どちらが良いかについて、男性と女性では意見が対立することになります。

特に、すべての男性にとって最も好きな安定マッチングを**男性側最適安定マッチング**と呼び、すべての男性にとって最も嫌いな安定マッチングを**男性側最悪安定マッチング**と呼びます。同様に、**女性側最適安定マッチング**と**女性側最悪安定マッチング**を定義することができます。これらの用語を使うと、上で述べたことは次のように言えます。男性側 DA マッチングは、男性側最適マッチングだが、女性側最悪マッチングとなり、同様に、女性側 DA マッチングは、女性側最適マッチングだが、男性側最悪マッチングとなります。

DAアルゴリズムは提案する側にとって最適で、提案される側にとって最悪になるというのは、アルゴリズムの動きを見ることで理解できます。なぜなら、提案する側は自分にとって好きな順に提案し、提案される側はステップが進むにつれてより好ましい相手が来る可能性があるからです。

メカニズム

これまで考えてきた結婚市場では、男女の選好が与えられていて、その選好に基づいてDAマッチングを求めました。実際には、人々は自分の選好しか分からず、他人の選好は分かりません。たとえ、他の人から選好を教えてもらっても、その選好が本音であるかは分からず、その人が嘘をついていないという保証もありません。

マッチングを決める主催者（一般にはデザイナーと呼ばれることが多い）がいたとして、その主催者は参加者にとって満足のいくような結果にしたいと思うはずです。その場合、くじ引きでマッチングを決めると、一人一人の相手とマッチする確率は等しくなるという意味で公平ですが、参加者は不満を覚えるでしょう。これを回避するには、主催者は参加者に選好を報告してもらう必要があります。報告された選好プロファイルに基づいて、マッチングを決める手続きのことを**（直接）メカニズム**と呼びます。数学的には、直接

メカニズムは、任意の選好プロファイルをマッチングに移す関数です。

直接メカニズムでは、マッチングを決める主催者がいることを前提にしています。主催者を前提にしたメカニズムは**集権的メカニズム**と呼ばれます。実際には、そのような主催者がおらず、男女が自由に行動・交渉し、マッチの相手を決めるような**分権的な**メカニズムも多くあります。一般に、マッチングを決める制度はすべて、主催者の存在を仮定して、何を主催者に報告するかというメッセージのやりとりのゲームとして表現できます。各人の送るメッセージが選好（私的情報）のとき、メカニズムは直接メカニズムと呼ばれます。そして、どんなメカニズムにおいてもメッセージの均衡を考えるときに、一般性を失うことなく、直接メカニズムに絞ってもよいという顕示原理があります。ですから、以下では直接メカニズムに焦点を絞り、単にメカニズムと呼びます。

図表 4-11 に示されているように、主催者が参加者一人一人から選好を報告してもらい、その報告してもらった選好をもとにメカニズムを使ってマッチングを決めます。そして、主催者は一人一人にマッチの結果を発表します。

本書では、男性側提案 DA アルゴリズムを用いてマッチングを決めるメカニズムを**男性側（提案）DA メカニズム**と呼びます。同様に、**女性側（提案）DA メカ**

図表 4-11　メカニズムのイメージ

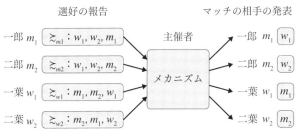

ニズムという用語を用います。特に、どちらかのメカニズムであれば、ただ単に **DAメカニズム** と呼びます。

メカニズムの性質：安定性とインセンティブ

結婚市場の主催者にとっての目的は、安定マッチングを実現することとします。ここで注意しないといけないのは、あるマッチングは、選好によっては安定的にもなるし、不安定的にもなるということです。例として、図表4-12を見ましょう。主催者は男性側DAメカニズムでマッチングを決めます。男女は図表4-12の左側に示されるような（真の）選好を持っていますが、彼らは右表にある選好を報告したとします。そのとき、報告された選好での男性側DAマッチングでは、m_1とw_1がマッチ、m_2とw_2がマッチします。しかし、これは、真の選好の下ではペア(m_1, w_2)や(m_2, w_1)にブロックされるので、安定的ではありません。

図表 4-12　報告された選好プロファイルでの男性側 DA マッチング

真の選好				報告された選好			
$\succsim_{m1}$	$\succsim_{m2}$	$\succsim_{w1}$	$\succsim_{w2}$	$\succsim'_{m1}$	$\succsim'_{m2}$	$\succsim'_{w1}$	$\succsim'_{w2}$
w_2	w_1	m_2	m_1	$\underline{w_1}$	$\underline{w_2}$	$\underline{m_1}$	$\underline{m_2}$
$\underline{w_1}$	$\underline{w_2}$	$\underline{m_1}$	$\underline{m_2}$				

　主催者は、参加者が持つ本当の選好を知ることはできないので、報告された選好において安定マッチングを実現するしか方法がありません。このような理由で、**安定的なメカニズム**とは、報告されたすべての選好プロファイルに対して、メカニズムが選ぶマッチングが報告された選好プロファイルで評価したときに安定的になることと定義されます。したがって、男性側 DA メカニズムも女性側 DA メカニズムも安定的になります。ここで、安定的でないメカニズムとは、常に安定的でないマッチングが生じるのではなく、定義により、少なくとも一つの選好プロファイルにおいて安定的でないマッチングが生まれるということに注意しましょう。したがって、生じるマッチングがたった一つの選好プロファイルだけで安定的でなく、他のすべての選好プロファイルで安定的であるときも、安定的でないメカニズムとなります。

　上で議論したように、参加者が本当の選好とは異なる選好を報告した場合には、安定メカニズムを使ったとしても、本当の選好の下で安定マッチングにはなら

ないことがあります。よって、本当の選好を報告してもらうインセンティブを与えることが重要になります。実は、メカニズムが与えられると、参加者は選好が戦略になるような戦略形ゲームに直面します。このようなゲームを**選好表明ゲーム**と呼びます。ここでは、利得関数は選好で与えられることに注意が必要です。例えば、メカニズム ϕ の下で、男性 m にとって、他の男女が戦略として選好 $\succsim_{-m}$ を選んでいるとき、選好 $\succsim_m$ が $\succsim'_m$ より好ましいのは、

$$\phi_m(\succsim_m, \succsim_{-m}) \succ_m \phi_m(\succsim'_m, \succsim_{-m})$$

のときです。ここで、$\succsim_{-m}$ は男性 m を除いた人々の選好プロファイルで、$(\succsim_m, \succsim_{-m})$ は通常の選好プロファイルを表します。また、報告された選好 $(\succsim_m, \succsim_{-m})$ によりメカニズムが選ぶマッチングが $\phi(\succsim_m, \succsim_{-m})$ なので、このマッチングで男性 m がマッチする相手を $\phi_m(\succsim_m, \succsim_{-m})$ と表しています。

メカニズムのインセンティブの性質として、本書では**耐戦略性**を使います。これは、選好表明ゲームにおいて、すべての人が本当の選好を選ぶという戦略プロファイルが支配戦略均衡になることを要求します。言い換えると、すべての人にとって、本当の選好を報告することが支配戦略（48 ページ）になっていることです。つまり、支配戦略の定義により、すべての個人 i

にとって、他の人のどんな選好 $\succsim_{-i}$ の報告にもかかわらず、本当の選好 $\succsim_i$ が何であっても、本当の選好を報告するほうが他のどの戦略 $\succsim_i'$ よりも少なくとも良いことです。より数学的に表すと、メカニズム ϕ が**耐戦略的**であるとは、任意の個人 $i \in M \cup W$、他の人の任意の戦略プロファイル $\succsim_{-i}$、個人 i に関する任意の本当の選好 $\succsim_i$、任意の他の選好 $\succsim_i'$ について、

$$\phi_i(\succsim_i, \succsim_{-i}) \succsim_i \phi_i(\succsim_i', \succsim_{-i})$$

が成り立つことです。つまり、選好表明ゲームで、個人 i が本当の選好 $\succsim_i$ を選ぶことが支配戦略になっています。もしこれが成り立たないとき、つまり

$$\phi_i(\succsim_i', \succsim_{-i}) \succ_i \phi_i(\succsim_i, \succsim_{-i})$$

のとき、個人 i は、本当の選好 $\succsim_i$ ではなく嘘の選好 $\succsim_i'$ を報告することで、より良い相手とマッチできます。このようなときに、個人 i は選好プロファイル $(\succsim_i, \succsim_{-i})$ で**メカニズム ϕ を戦略的に操作する**と言います。メカニズムが耐戦略的のとき、すべての個人がどんな選好プロファイルにおいてもメカニズムを戦略的に操作できません。その逆も成り立ちます。このため、耐戦略性は戦略的操作不可能性とも言われることがあります。

DAメカニズムのインセンティブ性質

DA メカニズムは、常に安定マッチングを選びます。では、DA メカニズムは耐戦略的なのでしょうか。

実は、安定性と耐戦略性を同時に満たすようなメカニズムは存在しません。この不可能性定理は、ノーベル経済学賞を受賞したロスによって 1982 年に発見され、証明されました。この証明は例を使っていて、比較的理解が容易で（少し忍耐力が必要ですが）、示唆に富みます。この証明を見てみましょう。

<u>不可能性定理（安定性と耐戦略性を満たすメカニズムは存在しない）の証明</u>

一郎と二郎の男性 2 名、一葉と二葉の女性 2 名がいるとします。メカニズム ϕ が安定的かつ耐戦略的であるとして、矛盾を導きます。選好プロファイルが

$\gtrsim_{m1}$	$\gtrsim_{m2}$	$\gtrsim_{w1}$	$\gtrsim_{w2}$
$\overline{w_1}$	$\overline{w_2}$	$\overline{m_2}$	$\overline{m_1}$
$\underline{w_2}$	$\underline{w_1}$	$\underline{m_1}$	$\underline{m_2}$

とします。上線が男性側 DA マッチング（μ_M と表す）、下線が女性側 DA マッチング（μ_W と表す）を示します。安定マッチングは、この他にありません。メカニズム ϕ は安定的なので、この選好プロファイル $\gtrsim$ において、μ_M か μ_W のどちらかを選んでいる必要があります。

前者の場合、つまり$\phi(\succsim)=\mu_M$のとき、w_1がm_2だけが許容可能となる選好$\succsim'_{w1}$を報告したとします。そのとき、選好プロファイルは

$\succsim_{m1}$	$\succsim_{m2}$	$\succsim'_{w1}$	$\succsim_{w2}$
w_1	w_2	m_2^*	m_1^*
w_2^*	w_1^*		m_2

となります。*で示されるマッチングは、この選好($\succsim'_{w1}$, $\succsim_{-w1}$)で唯一の安定マッチングになることが確かめられます。したがって、w_1は本当の選好$\succsim_{w1}$ではm_1とマッチし、嘘の選好$\succsim'_{w1}$ではm_2とマッチします。よって、w_1の本当の選好$\succsim_{w1}$では、m_2のほうがいいので、w_1は嘘をつくことでより良い相手とマッチでき、嘘をつくインセンティブがあります。これはϕが耐戦略性を満たすことに反します。

後者の場合、つまり$\phi(\succsim)=\mu_W$のとき、m_1がw_1だけが許容可能となる選好$\succsim'_{m1}$を報告したとします。そのとき、選好プロファイルは

$\succsim'_{m1}$	$\succsim_{m2}$	$\succsim_{w1}$	$\succsim_{w2}$
w_1^*	w_2^*	m_2	m_1
	w_1	m_1^*	m_2^*

となります。*で示されるマッチングは、この選好($\succsim'_{m1}$, $\succsim_{-m1}$)で唯一の安定マッチングになることが確かめられます。したがって、m_1は本当の選好$\succsim_{m1}$ではw_2とマッチし、嘘の選好$\succsim'_{m1}$ではw_1とマッチします。よって、m_1の本当の選好$\succsim_{m1}$では、w_1のほうが

いいので、m_1 は嘘をつくことでより良い相手とマッチでき、嘘をつくインセンティブがあります。これは ϕ が耐戦略性を満たすことに反します（証明終）。

　この不可能性定理により、DA メカニズムは安定性を満たすので、耐戦略的にはなりません。これは大変残念な結果です。では、耐戦略性を少し弱めてみて、DA メカニズムのインセンティブについて何か言えないでしょうか。不可能性定理の証明に使われた例を見ると、非常に面白いことに気付きます。それは、メカニズムが<u>男性側 DA マッチング</u>を選んだとき（証明の中で、前者の場合）、嘘をつくインセンティブがあるのは<u>女性</u>です。また、<u>女性側 DA マッチング</u>のとき（後者の場合）、嘘をつくインセンティブがあるのは<u>男性</u>です。つまり、DA メカニズムでは、提案される側に嘘をつくインセンティブがある場合があるということです。

　そこで、一つ疑問が湧きます。男性側 DA メカニズムでは、嘘をつくインセンティブは女性にだけあり、男性にはないのではないかということです。実は、その通りなのです。男性側 DA メカニズムでは、どの男性も嘘をつくインセンティブがなく、戦略的に操作できません。この点は大事なので、もう少し説明します。

　耐戦略性はすべての人が戦略的にメカニズムを操作

できないことでした。対象とする人を男性陣だけに絞り、すべての男性が戦略的にメカニズムを操作できないときに、メカニズムは**男性側耐戦略的**と定義されます。同様に、**女性側耐戦略性**も定義できます。上で述べたのは、男性側DAメカニズムは男性側耐戦略的になり、女性側DAメカニズムは女性側耐戦略的になるということです。これを、ドゥービンとフリードマンが1981年に、ロスが1982年に独立に証明しました。

まとめると、男性側DAメカニズムは、女性によって戦略的に操作可能であることもあるので耐戦略的ではないけれども、男性側耐戦略的と言えます。この意味で、DAメカニズムは少し弱い形で望ましいインセンティブの性質を満たします。

では、実際にDAメカニズムを使う際に、インセンティブは問題にならないのでしょうか。私の知る限り、多くの市場で問題になりません。この点についてはイモルリカとマーディアンが2005年に理論的に示しました。彼らは、参加者が多くなると戦略的に操作できる人の割合が非常に小さくなることを証明しました。

3 多対一マッチング市場

図表4-1で示したように、二部マッチング市場で、一方の側がマッチできる相手が多数で、他方の側がマッチできる相手が多くても一人だけの場合を多対一マ

ッチング市場と言います。一対一マッチング市場で成り立つ多くのことが、自然な形で多対一マッチング市場でも成り立ちます。本節では、一対一マッチング市場との違いについて焦点を絞りながら、説明します。

就活市場

話を分かりやすくするために、労働者と企業からなる二部マッチング市場を考えます。労働者を$w_1,…,w_p$と表し、企業を$f_1,…,f_q$と表します。そして、労働者の集合をW、企業の集合をFとします。wはworker（労働者）の頭文字で、fはfirm（企業）の頭文字です。労働者は多くても一社とマッチでき、企業は多数の労働者とマッチできるような多対一マッチング市場です。この市場が一対一マッチング市場と大きく異なる点が二つあります。

一つ目は、企業が一名の労働者ではなく、多数の労働者とマッチできるという点です。この点を反映して、企業fは定員q_fを持ち、労働者と定員q_fまでマッチできるとします。

二つ目の異なる点は、一つの企業がマッチするのは労働者の集団なので、どの個人というよりもどの集団とマッチしたいかについて選好を持つということです。これは意外と複雑ですが、企業はまず労働者について選好を持つと考えます。表現を短くするために、労働者個別に対する選好ということで、個別選好と呼

びましょう。そして、個別選好に基づいて感応的に、労働者集団についての選好を持つという選好を考えます。例えば、定員2名の企業が以下の表のような選好を持つとします。

	第1希望	第2希望	第3希望
個別選好	w_1	w_2	w_3
集団選好	w_1, w_2	w_1, w_3	w_2, w_3

この企業は、労働者一人一人を比較するならば、w_1, w_2, w_3 の順で好きです。一方、労働者2名を比較するときを考えましょう。$\{w_1, w_2\}$ と $\{w_1, w_3\}$ を比べると、w_1 は共通しています。共通していない労働者についての選好（w_2 のほうが w_3 より良い）によって、w_1 を加えた2名では $\{w_1, w_2\}$ のほうが $\{w_1, w_3\}$ より良いということです。このような選好を**感応的選好**と呼びます。

すべての企業がこのような感応的選好を持つとしましょう。このとき、定員 q_f の企業 f を、元の企業 f と全く同じ個別選好を持つような q_f 個の企業に分割すると考えます。この分割により、多対一マッチング市場を一対一マッチング市場に変換し、今までの議論を適用することができるようになります。厳密には、労働者の選好もこの分割に応じて元の企業の選好が保たれるように変換する必要がありますが、その詳細は省略します。

一対一マッチング市場から拡張できる概念

一対一マッチング市場の結婚市場で考えた様々な定義や結果を、以下のように自然な形で比較的容易に拡張できます。

- マッチング：労働者はせいぜい1つの企業とマッチし、企業は定員までの労働者とマッチできます。
- メカニズム：労働者と企業から報告された選好プロファイルからマッチングを決める関数（手続き方法）になります。
- 許容可能：労働者にとってある企業が許容可能とは、マッチしない（独りになる）よりもその企業で働くほうが良いということです。同様に、企業にとってある労働者が許容可能とは、マッチしないよりも労働者に自社で働いてもらうほうが良いということです。
- 個人合理性：あるマッチングが個人合理的であるとは、どの労働者もマッチしないよりは今のマッチ相手がよく、どの企業もマッチしないより今のマッチ相手でよいということです。
- 安定性：ある労働者と企業のペアがマッチングをブロックするとは、現在のマッチ相手よりもお互いにマッチしたいような場合のことです。これを使って、マッチングが安定的とは、個人合理的で、どの労働者と企業のペアもブロックしないようなマッチングのことです。

- 耐戦略性（戦略的操作不可能性）：メカニズムが耐戦略的であるとは、どの労働者も企業も、他の人々の報告にかかわらず、本当の選好を主催者に報告することが最適（支配戦略）になることです。
- 労働者側（提案）DAアルゴリズム：各ステップで、労働者は企業へ応募（プロポーズ）し、企業は定員まで（応募してきて許容可能な）労働者を一時的に受け入れ、残りを断ります。
- 企業側（提案）DAアルゴリズム：各ステップで、企業は許容可能な労働者を定員までリクルート（プロポーズ）します。一方、労働者は（リクルートしてきて許容可能な）企業を1社だけ一時的に受け入れます。
- 労働者側最適（最悪）安定マッチングは、安定マッチングの中で労働者側にとって最適（最悪）な安定マッチングです。同様に、企業側最適安定マッチングと企業側最悪安定マッチングを定義できます。
- 労働者側（提案）DAマッチングは、労働者側最適安定マッチングで、企業側最悪マッチングになります。同様に、企業側（提案）DAマッチングは、企業側最適安定マッチングで、労働者側最悪マッチングとなります。
- 安定性と耐戦略性を同時に満たすメカニズムは存在しないという不可能性定理が成り立ちます。ただし、労働者側DAメカニズムは労働者側耐戦略的に

なります。

一対一マッチング市場から拡張できない結果
- 企業側 DA メカニズムは、企業側耐戦略的ではありません。これは一対一マッチング市場で得られる直感に反しており、驚くべき結果です。ロスが 1985 年に指摘しました。その証明は次の例で示されます。この例は、労働者側 DA アルゴリズム、企業側 DA アルゴリズムの実行例にもなります。

<例5>
4人の労働者 w_1, w_2, w_3, w_4、そして3つの企業 f_1, f_2, f_3 があります。企業 f_1 だけ定員2名($q_{f1}=2$)で、企業 f_2 と f_3 の定員は1です。労働者と企業は次のような真の選好を持っているとします。ここでは、企業の個別選好だけを示しています。

$\succsim_{w1}$	$\succsim_{w2}$	$\succsim_{w3}$	$\succsim_{w4}$	$\succsim_{f1}[2]$	$\succsim_{f2}[1]$	$\succsim_{f3}[1]$
$\underline{f_3}$	$\underline{f_2}$	$\underline{f_1}$	$\underline{f_1}$	w_1	w_1	w_3
f_1	f_1	f_3	f_2	w_2	$\underline{w_2}$	$\underline{w_1}$
f_2	f_3	f_2	f_3	$\underline{w_3}$	w_3	w_2
				$\underline{w_4}$	w_4	w_4

ここで、[ ] 内の数値は該当する企業の定員を示します。また、この表で、下線は企業側 DA マッチングを表します。企業側 DA アルゴリズムと労働者側 DA アルゴリズムを、前と同じように表で実行します。

企業側DA	w_1	w_2	w_3	w_4
ステップ1	$f_1, \cancel{f_2}$	f_1	f_3	
ステップ2		$\cancel{f_1}, f_2$		
ステップ3			$f_1, \cancel{f_2}$	
ステップ4	$\cancel{f_1}, f_3$			
ステップ5				f_1
マッチ	f_3	f_2	f_1	f_1

一方、労働者側DAアルゴリズムの実行は、次表のようになります。

労働者側DA	$f_1[2]$	$f_2[1]$	$f_3[1]$
ステップ1	w_3, w_4	w_2	w_1
マッチ	w_3, w_4	w_2	w_1

次に、企業側DAメカニズムで、企業f_1が偽の選好$\succsim'_{f_1}$(第1希望w_1、第2希望w_4)を報告したとしましょう。そのとき、報告される選好は次のようになります。下線は企業側DAマッチングを表します。

$\succsim_{w1}$	$\succsim_{w2}$	$\succsim_{w3}$	$\succsim_{w4}$	$\succsim'_{f1}$	$\succsim_{f2}$	$\succsim_{f3}$
f_3	$\underline{f_2}$	f_1	$\underline{f_1}$	$\underline{w_1}$	w_1	$\underline{w_3}$
$\underline{f_1}$	f_1	$\underline{f_3}$	f_2	$\underline{w_4}$	$\underline{w_2}$	w_1
f_2	f_3	f_2	f_3		w_3	w_2
					w_4	w_4

この報告された選好において、企業側DAアルゴリズムの実行は次のようになります。

企業側DA	w_1	w_2	w_3	w_4
ステップ1	$f_1, \cancel{f_2}$		f_3	f_1
ステップ2		f_2		
マッチ	f_1	f_2	f_3	f_1

正直な報告か、嘘の報告かを迷っている企業 f_1 を考えましょう。この企業は、真の選好の報告で労働者 w_3 と w_4 にマッチして、偽の選好の報告で労働者 w_1 と w_4 とマッチします。真の選好は w_1, w_2, w_3, w_4 の順なので、企業は偽の選好を報告することにより良い相手とマッチでき、偽の選好を報告するインセンティブがあることになります。したがって、企業側 DA メカニズムは企業側耐戦略性を満たしません。

4　実際の市場

マッチング理論を実践する分野は、マーケットデザインというミクロ経済学の新しい分野です。マーケットデザインという分野は、1990年代初頭からミクロ経済学者やゲーム理論家がオークションやマッチング市場をデザインする中で生まれました。今では、本章で説明するマッチング市場の一部のデザインをはじめとして、インターネット上での広告入札のキーワードオークション、国債入札、周波数オークション、証券取引など実践的なデザインの研究が次々に開拓されています。これらの実践については、巻末の参考文献を

見て下さい。

　本章で学んだ多対一マッチング市場の例としては、研修医と病院がマッチする研修医マッチング市場、大学生と企業がマッチする就活市場、大学での理系分野の研究室配属や文系分野のゼミ配属などがあります。本書では、マッチング理論の最も基礎的で重要な部分だけを取り扱っています。マッチング理論を実際に応用する際には、ただ単に理論的に素晴らしいからDAメカニズムを使うというのではなく、きちんと市場の様々な制約を考慮し、それに合わせたメカニズムを考えることが大切です。まず、本節では、マーケットデザインの考え方を説明することから始めます。

伝統的な市場：コモディティ市場

　市場という言葉を聞いたとき、経済学に触れたことのある方なら、需要と供給を思い浮かべ、需給が一致するように価格が調整されると想像すると思います。市場では、価格が決まっており、買い手は価格を見ながら財をどれだけ購入するかを決めます。この量は需要量と呼ばれます。一方、売り手も価格を見て、財をどれだけ提供（供給）するかを決めます。この量は供給量と呼ばれます。需要量と供給量は価格によって変わり、価格が上昇するにつれて、需要量は減り、供給量は増えます。価格が低すぎると、需要量が供給量を上回り、市場には財を買いたいけれども買えない買い

手がいて混雑が生じ、価格の上昇圧力が高まります。一方、価格が高すぎると、供給量が需要量を上回り、市場には財を売りたいけれども売ることのできない売り手がいて混雑が生じ、価格の下落圧力が高まります。市場で実現する価格は、ちょうど需要と供給量が等しくなるように調整され、均衡価格と呼ばれます。

このような分析は、ベンチマークとしては非常に役立ちますが、実際の市場分析において適切かどうかは、その市場の特性によります。特に、競争があまりにも激しすぎる完全競争で、多くの買い手と売り手がいるような市場では有効な分析方法でしょう。一方、この分析が有効なのはコモディティ市場に限られるということはあまり知られていません。コモディティとは、どの商品を取ってみても全く同じと考えられる財で、ある単位で売買されるような財のことです。小麦などの農産物がその典型的な例です。

マッチング市場は、コモディティ市場ではありません。あなたが就活中の学生ならば、業界研究をして自分のやりたいことができるかどうか、各企業の特徴を吟味すると思います。また、自分がある企業に就職したいと思ってもその企業から断られれば、その企業とマッチできません。つまり、自分が財を選ぶときに、同時に自分もその財から選ばれるという点がコモディティ市場とは違うのです。そして、マッチング市場では、価格はそれほど重要ではない場合が多くなりま

す。マッチング理論では価格が明示的に入っていなかったことを思い出しましょう。価格が重要ではないというよりも、マッチング理論では、どの相手を好むかという選好に価格が反映されていると考えます。

しばしば市場に配分（マッチング市場ではマッチング）を分権的に任せておけばよいという主張がよく見られます。この主張は、コモディティ市場の分析で、均衡ではその取引結果がパレート効率的になる（厚生経済学の第一定理）ということを根拠にしています。しかし、マッチング市場では、必ずしも分権的にしておくだけではうまく機能しないことがよくあります。次に、市場が機能するための条件を見てみます。

市場が機能するために必要なこと

市場が機能するということは、取引が実現することです。取引が実現するためには、いくつかの条件が必要です。

まず、**市場の厚み**です。市場の厚みとは、買い手と売り手の両方の側に十分な数の参加者がいることです。多くの買い手がいることにより、売り手にとって自分の希望に合った買い手に出会う確率が大きくなり、売り手は恩恵を受けます。また、多くの売り手がいることは、売り手間の競争を促し財の質の改善や価格低下につながり、買い手も恩恵を受けます。

厚みのある市場では、混雑が問題になりやすく、混

雑を回避あるいは緩和することが必要になります。混雑した市場では、買い手も売り手も潜在的な取引相手とその取引内容を十分に検討できる余裕がなくなったり、そもそも取引が実現できなくなるかもしれません。コモディティ市場では、混雑が起きるということは、需要が供給を超過していたり、供給が需要を超過していることを意味します。よって、価格が混雑状態を反映し、買い手と売り手に価格によるメッセージを伝えることになり、価格が調整され、混雑は解消に向かいます。市場がコモディティ市場でない場合は、そのような価格の調整機能は混雑を解消しません。他に混雑解消の仕掛けが必要になります。

　最後に、安全で簡潔な市場であることが求められます。市場参加者が安心して取引でき、そして取引の実行が簡単にできることです。そうでなければ、誰も市場に参加したいと思わず、市場自体が消滅してしまうでしょう。

マッチング市場の4つのステージ

　マッチング市場には典型的な4つの類型があり、それがどのように進化するかについてロスとシンが1994年に論文を発表しました。これは実際のマッチング市場をデザインする際に大きな示唆を与えます。彼らの論文に沿いながら、それぞれのステージを説明します。ここでは、分かりやすいように、学生と企業

図表 4-13 マッチング市場の類型とその進化

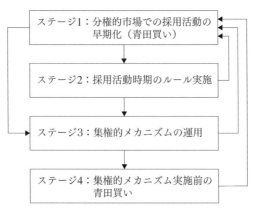

(出典:Roth and Xing (1994) の Figure 1 を著者が訳出)

とのマッチングである就活市場の言葉を用います(図表 4-13)。

ステージ1:分権的市場での採用活動の早期化 (青田買い)

ステージ1では、研修医制度の開始などにより、急に学生と企業(病院)がマッチする必要が生じて市場が登場します。すべての参加者が自由な意思の下で行動して取引するような市場を分権的と言います。このステージでは、学生と企業が分権的に個別に行動し、契約を交わします。市場が小さいときには問題はありませんが、市場参加者が増えていくと、採用活動と内

定の時期が早まる、いわゆる青田買いが起こります。このような状況では、学生は内定を受け入れるべきか、またはその内定を保留してより高い希望の企業からの内定を待つべきかなど、意思決定が難しくなります。一方、企業のほうでも、雇いたい学生に内定を出しても、その学生は既に他社の内定を受け入れているかもしれません。学生も企業も抜け駆けしてマッチを決めたいという強いインセンティブを持ち、企業は学生からの内定受け入れを促す目的で、期限付きのオファーを出すこともあります。ステージ1の終わりには、収拾がつかなくなり、主要な関係機関や参加者が参加して議論が巻き起こります。

ステージ2：採用活動時期に関するルールの実施

このステージでは、既存の組織、または新たな組織が採用活動の開始日を一律に決めます。採用活動には、説明会、面接、内定の段階があることが多く、ルールはそれらの開始日を決め、それより前には当該の活動が行われないようにします。ところが、結局このルールは全く機能せず、青田買いが発生することが多くなります。なぜなら、ルールを守って採用を開始すると、企業は抜け駆けをして青田買いをしている他の企業に優秀な人材を取られてしまうことになるからです。また、学生にとっても、期日には希望の会社が既に採用活動を締め切っているかもしれません。このル

ールがうまくいったとしても、内定の受諾や辞退の期限が近づくと市場は混雑してしまいます。

学生は、内定を持っていたとしても最後の最後まで就職活動を続け、より良い企業から内定を獲得しようとします。もちろん、より良い企業から内定をもらった場合には、学生は今持っている内定を辞退することになります。企業としては、希望通りの採用人数を確保したいはずですが、望ましい学生は既に就職活動を終えているかもしれません。期限の直前に内定辞退が殺到し、その内定辞退に伴う採用活動が慌てて行われる状況が起こり、これが混雑です。

ステージ3：集権的メカニズムの運用

ステージ3は、ステージ1と2で生じる青田買いを避けるために、既存の組織や新たな組織がマッチングを行う集権的メカニズムを導入します。メカニズムへの参加は、強制的な場合もありますし、自発的な場合もあります。通常は、メカニズムを実施してマッチングが決まる前に、学生と企業は分権的に（個別で自由に）説明会や面接を行います。そして、参加者は、個別にマッチを決める（企業が内定を出し、それを学生が受託・辞退する）のではなく、集権的なメカニズムに参加します。メカニズムでは、参加する学生と企業が選好リストを主催者に報告し、主催者は報告された選好リストをもとにしてマッチングを計算し、参加者

にマッチ相手を公表します。

ステージ4：集権的メカニズム実施前の青田買い

このステージでは、集権的メカニズムが実施されてマッチングが決まる前に、採用活動が始まり青田買いが発生します。学生と企業は、メカニズム実施前に、互いに情報を収集し、競争相手より優位に立とうとします。青田買いは、夏季インターンシップという形を取ることが多くなります。夏季インターンには、学生は少数の企業しか参加することはできず、インターンのプログラムに面接が入っていて、企業はその面接やインターンでのパフォーマンスによって学生に内定を与える傾向があります。メカニズムに参加する際には、彼らはお互いがマッチできるように選好を報告することになります。これは、ステージ1の採用活動の早期化に似ています。

研修医マッチング市場

米国の研修医マッチング市場は、1900年頃から1945年までがステージ1で、青田買いに悩まされる分権的市場でした。そして、活動時期を一律に決めるルールを採用するステージ2に移行し、青田買いが激しくなりました。そして、ステージ3の集権的メカニズムが1952年に導入され、青田買いを防ぐことに成功しました。参加は自主的であったにもかかわらず、

学生と病院の95％以上も参加しました。このメカニズムは、青田買いを防ぐように二度の修正を経て、今日まで使われています。

ロスは、1984年の論文で、米国で1952年から使われているメカニズムはゲールとシャプレイにより考案された病院側DAアルゴリズムと一致することを発見しました。現在使われているのは学生側DAメカニズムです。さらに、彼は、英国の研修医マッチング市場が地域ごとに分かれていて、安定マッチングを生み出すDAメカニズムを採用した地域では成功し、不安定なマッチングを生み出すメカニズムを採用した地域は失敗したことを報告しました。つまり、青田買いを阻止できるのは、ステージ3の集権的メカニズムで、それが安定マッチングを生み出すということです。

一方、日本は、長い間にわたり大学の医局を中心とするマッチング人事が行われており、ステージ1のままであったと考えられます。2004年にステージ3の学生側DAメカニズムに移行し、現在でも使われています。日本は、青田買いを経験せずにDAメカニズムに移行した稀な例です（著者が知る限り、唯一の例です）。

大学における研究室・ゼミ配属

日本の大学については、理系の学部や学科では、学生は4年次に研究室に配属され、一方で文系では、典

型的に、3年次からゼミに配属されます。話を短くするため、ゼミを研究室と呼びます。これは学生と研究室のマッチングです。大学によって参加学生数は違いますが、大まかに100人から1000人程度です。

多くの大学の研究室で採用されている典型的なメカニズムは、複数の段階からなります。第一段階で、学生は研究室を一つだけ選び応募します。研究室は応募者を見て、定員まで学生を決めます。この段階でのマッチは、DAのように保留されることはなく、最終決定です。マッチできなかった学生と空きのある研究室が第二段階に進みます。第二段階でも、学生は一つだけ応募し、研究室は応募してきた学生の中から選びます。マッチできなかった学生が多いときには、次の段階に進むことが多いです。

このメカニズムの問題点は、不安定なマッチングが生じること、特にインセンティブの面で望ましくないことです。学生が第一段階で正直に第1希望に応募した上でもしもマッチできなかったら、その学生が第二段階に進んだときに第2希望や第3希望の研究室が既に定員まで埋まっている可能性が高くなります。したがって、学生は第一段階でどの研究室を選ぶかが重要になります。人気があるとされる研究室であれば、マッチできなくなる可能性があります。一方で、不人気といわれている研究室であれば、マッチできる可能性は高まりますが、自分の希望ではないかもしれませ

ん。つまり、学生は研究室の人気度などを他の学生と読み合いをし、自分の応募先を決める必要があります。学生の噂が単なる噂にすぎず、実態とかけ離れていた場合（よく起こることですが）、実は人気のある研究室が噂により敬遠されて定員割れということも起こります。

日本では、著者がかつて所属していた筑波大学社会工学類は学生側DAメカニズムを2015年から使っています。他には横浜国立大学経済学部、山梨県立大学国際政策学部でも学生側DAメカニズムが使用されています。私の所属する慶應義塾大学経済学部ではまだ使われていません。ちなみに、私が学生の頃、自分の研究室配属は、じゃんけんで決まりました。

日本の大学新卒一括市場

日本の新卒大学生の労働市場は、企業や学生が自由に行動するような分権的市場です。この日本の分権的市場は、会社説明会や選考開始などの期日を定めた就職活動の指針となる就活ルールを中心に機能してきました。つまり、ステージ1とステージ2を行ったり来たりして繰り返しています。

戦後、この市場はステージ1から始まり、戦後1953年に経済団体と大学団体との間で（採用活動時期に関する）就職協定が交わされ、ステージ2に移行しました。それ以降、採用活動の早期化（青田買い）

が横行し、様々な団体がつくられ、協定の遵守の努力がなされてきました。その間、青田買いの阻止のため様々な経済団体、政府、大学など組織がつくられ、ステージ1とステージ2を行き来しています。例えば、日経連は1962年に野放し宣言をし、協定撤退宣言を1984年、1991年、1996年、2018年にしています。この詳しい経緯については、関西大学の中島弘至氏が就職協定（就活ルール）の変遷を議論しています。

　米国や英国の研修医マッチング市場や日本自身の戦後以降の経験が示唆するように、分権的市場で青田買いを阻止することは無理なのではないかと私は考えています。被験者実験でも、ロスとケーゲルは分権的市場では青田買いが発生することを示しています。私は、小さな規模、例えば商社だけでもよいから、採用の一部をDAメカニズムで行うべきと考えています。

　もちろん、そのままDAメカニズムを実行するのは難しいので、様々な制約を考慮した新しい日本向けのメカニズムをデザインする必要があると私は思います。例えば、複数段階で就職活動を行うことはどうでしょうか。第一段階で企業説明会と面接、第二段階で企業側が学生にオンライン上で内定を出します。学生は、一定期間後に、一つだけ内定先を選んで一時的に受け入れ、他の内定を辞退します。ここで、学生はまだ就職活動を続けても構いません。第三段階では、企業は内定辞退の補充を含めて、改めて内定を出しま

す。学生は第二段階で一時的に受け入れた内定も含めて、改めて内定先を一つだけ選びます。このような段階をさらに数回繰り返すこともできるし、最終的に希望する学生と企業だけにDAメカニズムを実行することも考えられます。

モビリティサービス市場

近年、カーシェアリング、ライドシェアリング、自転車シェアリングなどシェアリングというモビリティサービスの市場が登場し、拡大し続けています。この市場は、ある地点から別の地点へ移動したい買い手とその移動を提供する売り手からなり、二手に分かれます。どのようにこの市場を捉えるのが適切でしょうか。金銭移転から考えてみましょう。オークションは、一つの移動に対して売り手と買い手が入札して、売り手と買い手のマッチを決めます。オークションが機能するには十分な参加者が必要ですが、ある人の特定の移動に対して十分な参加人数を確保することは難しいか、時間がかかります。よって、オークションを行うことで買い手と売り手を結びつけるというのは現時点で難しいと思われます（定期的な多くの移動が必要な流通関連業者には、オークションが有効かもしれませんが）。

より現実的な方法は、ある一定期間内で固定された料金にすることです。例えばライドシェアなどの配車

サービスについては、定額制、あるいは初乗り料金と移動距離に応じた料金などです（この場合の相乗り料金については第3章を参照）。この料金は買い手が配車サービスを使う時間帯で変動しない短期と考えられます。よって、ライドシェアリングは二部マッチング市場が適切です。どのような市場をデザインすればよいかは、市場の厚みによると考えられます。厚みがない場合、例えば、登録した売り手を買い手のほうが選ぶような先行順によるものがよいでしょう。厚みがある場合、混雑が発生するので、集権的メカニズムにより需給を一致させるほうがよいと思われます。

第 5 章 配分マッチング市場

1 配分マッチング市場とは

本章では二部マッチング市場と非常に似ている配分マッチング市場を解説します。まず、二部マッチング市場では二つの側に人がいましたが、配分マッチング市場では一方の側だけに人がいて、他方の側に非分割財と呼ばれる財があります。

非分割財とは、意思を持った人ではなく、モノです。そして、そのモノを細かく分割していき、もうこれ以上分割できないというモノを**非分割財**と呼びます。自動車、臓器、パソコン、椅子など多くの例が挙げられます。逆に、いくらでも分割できるようなモノは**分割財**と呼ばれます。

分割財には、水、ガソリンなどがありますが、例を挙げることはなかなか難しいです。経済学で標準的な需要供給分析は、基本的に分割財を対象としており、多くの財の分析に適用できないと思うかもしれません。しかし、非分割財を分割財として扱うことが適切な場合も非常に多いです。例えば、日本全体で自動車という非分割財を分析する際には、分割財として取り扱うほうが容易になります。しかし、より小さな市場を分析する場合には、分割財として自動車を扱うのは適切ではなく、本章の配分マッチング市場が役に立ちます。以下、本章では、誤解のない範囲で、非分割財

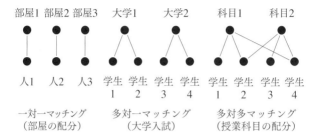

図表 5-1　配分マッチング市場の分類（イメージ）

一対一マッチング
（部屋の配分）

多対一マッチング
（大学入試）

多対多マッチング
（授業科目の配分）

のことを単に財と呼びます。

　配分マッチング市場は、人々と非分割財からなり、人々はどの財が好きかという選好を持ちます。この市場は、非分割財資源配分問題、あるいは離散的資源配分問題と呼ばれます。問題は、どのようにして非分割財を人々に、公平かつ効率的に配分するかです。つまり、人と財とのマッチングにおいて、公平で効率的なものを考えることです。図表 5-1 を見て下さい。

　二部マッチング市場との大きな違いは、図表 5-1 で分かるように、一方の側は財になっていることです。一人がいくつの財とマッチできるか、一つの財が何人とマッチできるかに応じて、4 つの場合に分けてマッチングを考えることができます（図表 5-1 では 3 つだけを例示しています）。

- **一対一マッチング**は、各財が一人とマッチでき、各

人が一つの財とマッチできるようなものです。図表 5-1 では、3 つの一人部屋を 3 人に配分するような状況を考えています。
- **多対一マッチング**は、各財が多くの人とマッチでき、各人が一つの財とマッチできるような状況です。この市場は、図表 5-1 のような大学入試マッチングに加えて、現実世界にたくさんあります。例えば、児童と保育園のマッチング、生徒と小中学校や高校・大学のマッチング、腎臓移植におけるドナーと患者のマッチングなどです。
- **一対多マッチング**は、各財が一人とマッチでき、各人が多くの財とマッチできるような状況です。
- **多対多マッチング**は、各財が多くの人とマッチでき、各人が多くの財とマッチできるような状況です。

本書では実際に応用例の多い一対一と多対一の配分マッチング市場の理論を取り上げます。

人々は選好を持つのに対して、財は選好を持たないことに注意しましょう。よって、メカニズムの 3 つの性質（インセンティブ、効率性、公平性）で、片側の人々の選好だけを考えればよいということになります。これにより、メカニズムのインセンティブ、効率性、公平性という 3 つの性質が異なってきます。この点については、後ほど詳しく説明します。

最後に、配分マッチング市場では、金銭的なやりとりはない状況を考えます。しかし、ある財に価格が付くときは、選好ではその価格も含めて財は評価されていると考えます。金銭のやりとりがないので、嫌な財を配分された人に金銭的な補償をして、その人に甘んじてもらうというような状況は考えません。例えば、金銭的なやりとりは不正と見なされる大学入試のマッチングが典型的です。

2 一対一配分マッチング市場

一対一配分マッチング市場を考えます。この市場は最も簡潔ですが、多くの直感が得られ、その結果も多対一配分マッチング市場に容易に拡張できます。

＜例1　部屋の配分＞
一郎、二郎、そして三郎はとても仲良しで、上京して同じ大学に入学することになりました。家賃を節約するために、三人は3LDKの一軒家を一緒に借りることにしました。この家には、部屋1、部屋2、部屋3があり、各部屋に1人が住みます。部屋には陽当たりや広さ、そして窓から見える景色などの違いがあり、三人はどの部屋を好むかという選好は違うかもしれません。例えば、三人の選好は図表5-2のような選好表であるとします。部屋1をh_1、部屋2をh_2、部屋

図表 5-2　選好表

$\succsim_{i1}$	$\succsim_{i2}$	$\succsim_{i3}$
h_1	h_1	h_2
h_2	h_2	h_1
h_3	h_3	h_3

※各人の好き嫌いは選好で表され、表の上にあるほど高い希望順位を表す。例えば、三郎i_3の選好$\succsim_{i3}$は、第1希望はh_2、第2希望はh_1、第3希望はh_3となっている。

3をh_3と表し、一郎をi_1、二郎をi_2、三郎をi_3で表します（図表 5-2）。

ここでの配分マッチング問題は、「3人の選好は違うかもしれないとき、3つの部屋を3人にどのように配分すればよいか」です。

一般に、**一対一配分マッチング市場**は、次の3つの要素からなります。

1. n人の個人$i_1,..., i_n$　ここで、個人は英語でindividualなので、「i」を使っています。個人の集合を$I=\{i_1,..., i_n\}$と表します。
2. n個の非分割財$h_1,..., h_n$　非分割財の配分を1974年に初めて分析したシャプレイとスカーフが、非分割財のことを家（house）と呼びました。これにちなんで、財を表すのに「h」を用いています。

3. 各個人 $i \in I$ は、どの財とマッチしたいか（つまり、どの財を配分されたいか）について選好 $\succsim_i$ を持ちます。二部マッチング市場と同様に、強い選好を常に仮定します。これは複数の財が同じ希望順位にならないことを意味し、各個人が財を希望順に一つずつ並べることができるということです。すべての個人の選好を集めたものを選好プロファイルと呼びます。

個人の数と財の数が等しいと仮定されていますが、等しくない場合も容易に拡張でき、これから紹介される理論的な結果はそのまま成り立ちます。

マッチング

一対一配分マッチング市場の結果は、誰がどの財とマッチしたか、言い換えると、各個人にどの財が割り当てられたかを表す**マッチング**です。マッチングは、一人一人についてマッチする財を指定するような関数 $\mu: I \to H$ です。例えば、$\mu(i)$ は個人 i がマッチする財を表します。マッチングが単に関数というだけなら、一つの財に二人以上マッチする場合も含まれてしまい、一対一マッチングではなくなってしまいます。よって、関数は一対一（単射）という条件を課します。これは、一つの財には一人の個人しかマッチしていないという意味です。

図表 5-3　選好表上に表したマッチング

$\succsim_{i1}$	$\succsim_{i2}$	$\succsim_{i3}$
h_1	h_1	h_2
h_2	$\underline{h_2}$	$\underline{h_1}$
$\underline{h_3}$	h_3	h_3

　二部マッチング市場と同様に、本書では選好表でマッチする財に下線を引くことでマッチングを表現します。例えば、例1で、i_1とh_3、i_2とh_2、i_3とh_1がマッチするようなマッチングを図表5-3のように表します。

財の所有権
　配分マッチング市場では財の所有権、つまり個人に配分する前に財が誰に所有されているかが重要になります。所有権には三つのタイプがあります。
1) 共同所有：すべての財がどの個人にも所有されておらず、社会全体として所有されているような状況です。例えば、学校の新入生用の寮部屋は、そこに住む予定の生徒には所有されておらず、学校が所有しています。
2) 私的所有：各個人が財を所有しているような状況です。例えば、学校の寮で上級生が既に部屋に住んでおり、新年度に部屋割りを新しくする状況です。
3) 混合所有：共同所有と私的所有の混ざった状況で

す。学校の寮で言うと、新入生用の部屋が空いており、上級生は既にどこか別の部屋に住んでいるような状況です。

パレート効率性

二部マッチング市場では強弱により2つのパレート効率性を導入しましたが、配分マッチング市場では強いほうのパレート効率性を使います。非常に大切な概念なので、パレート改善を導入し、パレート効率性を定義します。

パレート改善とは、二つのマッチングを比較して、すべての人にとっての結果が悪くなることなく改善しているかを表す概念です。厳密に言うと、マッチングνがマッチングμを**パレート改善する**とは、すべての個人$i \in I$にとってνでマッチした財$\nu(i)$がμでマッチした財$\mu(i)$以上に好ましいものであり、少なくとも一人にとっては(個人jとする)、$\nu(j)$のほうが$\mu(j)$よりも良いということです。このモデルでは、人々が自分のマッチした財同士を交換してより良いマッチングになっている場合に、元のマッチングにパレート改善の余地があると言えます。

図表5-4の例を見れば、すぐに分かります。例では、元のマッチングを選好表の下線で表し、$\underline{\mu}$と書くことにします。ここでは、元のマッチング$\underline{\mu}$において、個人i_2は第2希望の財h_2とマッチし、個人i_3は

図表 5-4　パレート改善の例

$\succsim_{i1}$	$\succsim_{i2}$	$\succsim_{i3}$
h_1	h_1^*	h_2^*
h_2	$\underline{h_2}$	$\underline{h_1}$
$\underline{h_3^*}$	h_3	h_3

※ *のマッチング（μ^*）は、下線のマッチング（μ）をパレート改善する。

第2希望の財h_1とマッチしています。この二人がお互いの財を交換すると、i_2は第1希望のh_1、i_3は第1希望のh_2を手に入れることができます。この交換後のマッチングを選好表で*印で表し、μ^*と書くことにしましょう。μ^*において、交換により二人とも第2希望の財ではなく、第1希望の財とマッチしています。そして、残りの個人i_1はそのまま財h_3とマッチしています。このとき、マッチングμ^*はマッチング$\underline{\mu}$をパレート改善します。ただし、すべての交換がパレート改善をもたらすとは限りません。例えば、個人i_1とi_2が交換すると、i_1は良くなりますが、i_3は悪くなります。

パレート効率的なマッチングとは、どんなマッチングによってもパレート改善できないようなものです。例えば、図表5-4のマッチングμ^*は、パレート改善の余地がなく、パレート効率的になります。

図表 5-5 メカニズムのイメージ

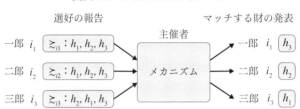

メカニズム

二部マッチング市場と同様に、配分マッチング市場でも（直接）メカニズムを考えることができます（図表 5-5 参照）。主催者（あるいはメカニズムデザイナーとも呼ばれる）がいて、すべての個人に選好を聞き、報告してもらいます。報告してもらった選好を使ってマッチングを選ぶ手続きがメカニズムです。数学的には、メカニズムは選好プロファイルの集合からマッチングの集合への関数として表されます。

マッチングに対して効率性を定義したので、メカニズムに対しても効率性を定義します。**パレート効率的なメカニズム**とは、どんな報告された選好プロファイルに対しても、常にパレート効率的なマッチングを選択するメカニズムのことです。一つの選好プロファイルだけでもパレート非効率的なマッチングが生じる場合、パレート効率性を否定し、パレート非効率的なメカニズムとなることに注意しましょう。

配分マッチング市場でも、二部マッチング市場と同様の理由で、メカニズムのインセンティブを考えることが重要です。主催者は良いマッチングを実現したいと思うはずです。ここでの良いマッチングとは、パレート効率的であるとしましょう。しかし、どんな方法で人々に選好を聞いたとしても、その選好が本当のものであるかは本人以外分かりません。そのため、メカニズム自体に、人々が本当の選好を報告するような仕掛けを備えさせることが大切です。

メカニズムは、人々が戦略として選好を選ぶような戦略形ゲーム、つまり選好表明ゲームを作り出します。このゲームですべての人が本当の選好を報告することが支配戦略になっているようなメカニズムを、**耐戦略的**（あるいは、**戦略的に操作不可能**）と言います。つまり、耐戦略的なメカニズムでは、他人がどんな選好を報告していたとしても、各個人にとって本当の選好を報告することが常に最適（支配戦略）になります。数学的に定義すると、メカニズムϕが耐戦略的であるとは、任意の個人$i \in I$、他の人の任意の戦略プロファイル$\succsim_{-i}$、個人iに関する任意の本当の選好$\succsim_i$、任意の他の選好$\succsim'_i$について、

$$\phi_i(\succsim_i, \succsim_{-i}) \succsim_i \phi_i(\succsim'_i, \succsim_{-i})$$

が成り立つことです。

優先順序メカニズム：共同所有下での市場

これまでメカニズムの性質としてパレート効率性と耐戦略性を定義しました。では、財の共同所有、あるいは私的所有の下で、この二つを満たすメカニズムはあるのでしょうか？　答えは<u>あります</u>。そのメカニズムは配分マッチング市場で中心的な役割を果たすので、これから紹介します。

まずは、共同所有の下での配分マッチング市場を考えます。これから紹介するメカニズムは優先順序メカニズムと呼ばれるもので、私たちの社会でもよく見られる配分方法です。例えば、じゃんけんをして人々に順番をつけたり、姓の「あいうえお」順に順番をつけて、その順に人々が自分の好きなものを選ぶという方法です。

このメカニズムを定義するために必要な優先順序という考え方を導入します。優先順序とは各個人を一列に並べてつける順序のことです。この順序を全単射の関数 $f: \{1,..., n\} \to I$ で表し、$f = (f(1), f(2),..., f(n))$ というように表します。ここで、$f(1)$ は優先順位 1 番目の個人、$f(2)$ は優先順位 2 番目の個人と解釈します。

優先順序 f による**優先順序メカニズム**とは、選好プロファイルが与えられたときに、優先順序 f に従って個人に最も好きな財を配分するような方法です。優先順序の順に独裁者が好きな財を選ぶと見ることができるので、マッチング理論では逐次的独裁メカニズムと

も呼ばれます。

もう少し正確に記述しましょう。
優先順序メカニズム
すべての個人の選好プロファイル $(\succsim_i)_{i \in I}$ が与えられているとします。

- ステップ1：優先順位1番目の個人 $f(1)$ に選好 $\succsim_{f(1)}$ で最も好きな財が配分されます。
- ステップ2：優先順位2番目の個人 $f(2)$ に、個人 $f(1)$ に配分された財を除いて残った中で選好 $\succsim_{f(2)}$ により評価して最も好きな財が配分されます。
- ステップ $s(\geq 3)$：優先順位 s 番目の個人 $f(s)$ に、個人 $f(1)$ から $f(s-1)$ まで配分された財を除いて残った中で選好 $\succsim_{f(s)}$ により評価して最も好きな財が配分されます。

個人の数と財の数は n で等しいので、上記のアルゴリズムはステップ n で終了し、各個人は配分された財とマッチします。これを**優先順序マッチング**と呼びましょう。

<例2（優先順序メカニズムの実行）>
図表5-6のような共同所有下での配分マッチング市

図表 5-6　優先順序マッチングの例

$\succsim_{i1}$	$\succsim_{i2}$	$\succsim_{i3}$
h_1	$\underline{h_1}$	h_2
$\underline{h_2}$	h_2	$\underline{h_3}$
h_3	h_3	h_1

※下線のマッチングは優先順序が(i_2, i_1, i_3)の優先順序マッチングを表す。

場を考えます。3人の個人 i_1, i_2, i_3 がいるので、優先順序は (i_1, i_2, i_3)、(i_1, i_3, i_2)、(i_2, i_1, i_3)、(i_2, i_3, i_1)、(i_3, i_1, i_2)、(i_3, i_2, i_1) の合計6通りあります。ここでは、その一つ $f = (i_2, i_1, i_3)$ における優先順序マッチングを計算します。

ステップ1では、優先順位1番目の個人 i_2 を考えます。i_2 はすべての財の中から選ぶことができて、最も好きな財 h_1 が配分されます。

ステップ2で、財 h_1 は個人 i_2 に配分されたので、残りの財は h_2 と h_3 です。優先順位2番目の個人 i_1 には、これらの残った財のうち好きなほうの財 h_2 が配分されます。

ステップ3で残っている財は h_3 だけなので、優先順位3番目の個人 i_3 には財 h_3 が配分されます。

どんな優先順序のときも、優先順序メカニズムは耐戦略的かつパレート効率的となることが知られています。

TTCメカニズム：私的所有下での市場

私的所有下における配分マッチング市場では、どのようなメカニズムが望ましいのかを考えていきましょう。

私的所有というのは、各個人が財を所有しているような状況でした。この所有はマッチングとしてどんな場合でも表せますが、簡単化のため、個人 i_1 は財 h_1 を所有、個人 i_2 は財 i_2 を所有、個人 i_3 は財 h_3 を所有していることにします。

望ましいメカニズムの第一候補は、先ほど学んだ耐戦略性とパレート効率性を満たす優先順序メカニズムです。私的所有下でも、これでいいのではないかという疑問が生じます。その疑問を解消するために、次の例を見ます。

＜例3（私的所有下での優先順序メカニズムの妥当性）＞
図表5-7で表される配分マッチング市場を考えます。この図表では優先順序 (i_1, i_2, i_3) による優先順序マッチングも下線で示されています。個人 i_3 に注目して下さい。個人 i_3 は最も好きな財 h_3 を所有しているのに、優先順序メカニズムに参加すると最も嫌いな財 h_1 とマッチします。個人 i_3 は自分が所有している財よりも悪い財になるので、メカニズムに参加するインセンティブはなく、おそらく参加しないでしょう。個人 i_3 は所有する財を個人 i_2 と交換することで、二人とも

図表 5-7　優先順序マッチングが妥当でない例

$\succsim_{i1}$	$\succsim_{i2}$	$\succsim_{i3}$
$\underline{h_3}$	h_3	h_2
h_2	$\underline{h_2^*}$	h_3^*
h_1^*	h_1	$\underline{h_1}$

※*の付いたマッチングは所有を示し、下線は優先順序(i_1, i_2, i_3)での優先順序マッチングを示す。

より良い財を得られる可能性があるにもかかわらず、です。

例3では、交換により改善の余地があるにもかかわらず、優先順序メカニズムでは悪い財とマッチするので、メカニズムに参加したくない個人がいることが確認できました。そのため、各個人がメカニズムに参加するようなインセンティブを与える必要があります。そのような性質が個人合理性と呼ばれるものです。

マッチング μ が**個人合理的**であるとは、すべての個人 i_k にとって、マッチする財 $\mu(i_k)$ が自分の所有する財 h_k 以上に良い、つまり $\mu(i_k) \succsim_{ik} h_k$ ということです。そして、**個人合理的なメカニズム** ϕ とは、常に個人合理的なマッチングを選ぶようなメカニズムのことです。より正確には、すべての報告された選好プロファイル ($\succsim_{i1},\dots,\succsim_{in}$) において、メカニズムが選ぶマッチング $\phi(\succsim_{i1},\dots,\succsim_{in})$ が個人合理的になることです。あるメカニズムにおいて少なくとも一つの選好プロファ

イルで個人合理的でないマッチングが生じる場合、個人合理性が否定され、メカニズムは個人合理的でないことに注意しましょう。

では、個人合理的なメカニズムは存在するのでしょうか。答えは存在します。例えば、ただ単に、すべての個人にその人の所有財を常に配分するようなメカニズムです。これは耐戦略的でもあります。しかし、パレート効率的ではありません。つまり、交換でより良い財を得られる人々がいる場合があるのです。したがって、意義のあるメカニズムとは、耐戦略性と個人合理性に加えて、パレート効率性を満たすものです。そのようなメカニズムは存在するのでしょうか。答えは存在するです。このメカニズムは、1974年にシャプレイとスカーフが発表した私的所有下の配分マッチング市場を分析する論文で紹介されました。彼らが提案したのではなく、ゲールが提案したもので、ゲールの**トップ・トレーディング・サイクル・メカニズム**（最良交換サイクルメカニズム；top trading cycles）と呼ばれます。本書では、単に **TTC メカニズム**と呼ぶことにします。

TTC メカニズムの基本的なアイデアは、人々を集めてお互いに財を交換・取引し、その取引が最良になるような交換の流れを見つけることです。そのために、人々の集まりと交換を表すサイクルという概念を定義します。**サイクル**とは、財と個人からなるリスト

図表 5-8　サイクル：矢印は指差しを示す

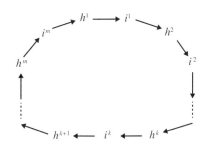

$(h^1, i^1, h^2, i^2,..., h^m, i^m)$ のことで、次のような条件を満たします（図表 5-8 参照）。財 h^1 は右隣の個人 i^1 を指差し、個人 i^1 は右隣の財 h^2 を指差し、財 h^2 は右隣の i^2 を指差し、というように右隣を指差していきます。最後の個人 i^m は右隣には財がありませんが、最初の財 h^1 を指差して、ちょうどサイクル（円）のように閉じます。

　TTC メカニズムは、選好プロファイルが与えられたとき、次のようなアルゴリズムに従ってマッチングを選びます。このマッチングを **TTC マッチング**と呼ぶこととします。

TTC アルゴリズム
- ステップ 1：各個人は最も好きな財を指差し、各財はその所有者を指差します。このとき、少なくとも一つのサイクルが存在します。一つ一つのサイクル

内において、個人は左隣の財を手放し、右隣の財を手に入れるような交換を実行します。具体的には、サイクルを $(h^1, i^1, h^2, i^2,..., h^m, i^m)$ としたとき、各個人 i^k は、自分の所有する財 h^k を手放して、指を差している財 i^{k+1} を手に入れます。手放された財 h^k は、指を差されている個人 i^{k-1} の手に渡ります（図表5-8参照）。すべてのサイクルでの交換を実行した後に、サイクルに含まれている個人と財を取り除き、残った個人と財に対して、次のステップに進みます。個人と財が残らなかった場合、アルゴリズムは終了します。

- ステップ2：残りの個人と財だけを考えます。残っている各個人は、残っている財の中で最も好きな財を指差します。また、残っている各財はその所有者を指差します（ステップ1で取り除かれる個人は所有財とともに取り除かれるので、残っている財には必ず所有者がいることに注意します）。このとき、少なくとも一つのサイクルが存在します。ステップ1と同様にして、一つ一つのサイクル内において、個人は左隣の財を手放し、右隣の財を手に入れるような交換を実行します。すべてのサイクルでの交換を実行した後に、サイクルに含まれている個人と財を取り除き、残った個人と財に対して、次のステップに進みます。個人と財が残らなかった場合、アルゴリズムは終了します。

- ステップ3以降：以上のステップを個人と財がなくなるまで繰り返します。

このアルゴリズムによって各個人と彼らが得た財をマッチさせて、マッチングができます。これをTTCマッチングと呼ぶこととします。すべての選好プロファイルに対しTTCマッチングを対応させる関数を考えると、メカニズムになるので、これをTTCメカニズムと呼びます。

アルゴリズム中に作られるサイクルは必ず存在するのか、という疑問が生じるかもしれませんが、サイクルは必ず存在します。その理由は、個人と財の数は有限で、各個人は一つの財だけを指差しており、各財も一人の個人だけを指差しているからです。もう少し詳しく説明しましょう。ある財h^1から始めて、指差している個人i^1を考えます（$h^1 \to i^1$）。この個人がh^1を指差しているなら、サイクル(h^1, i^1)ができます。もしi^1がh^1を指差しているならば、個人i^1が指差している財h^2、そして財h^2の所有者i^2を考えます（$h^1 \to i^1 \to h^2 \to i^2$）。もし$i^2$が$h^2$を指差しているならばサイクル$(h^2, i^2)$ができます。または、$i^2$が$h^1$を指差しているならばサイクル$(h^1, i^1, h^2, i^2)$ができます。もし$i^2$が$h^1$と$h^2$以外を指差しているならば、その指差されている財$h^3$と財$h^3$が指差している個人$i^3$を考えて、同じような議論をすると、個人と財の数は有限なの

図表 5-9　TTC アルゴリズム実行

$\succsim_{i1}$	$\succsim_{i2}$	$\succsim_{i3}$
h_2	h_1	h_2
$\underline{h_1^*}$	$\underline{h_2^*}$	$\underline{h_3^*}$
h_3	h_3	h_1

※下線で示すのがTTCマッチング

で、どこかで必ずこのプロセスは止まります。つまり、サイクルが必ずできることが分かります。

　トップ・トレーディング・サイクル・メカニズム（最良交換サイクルメカニズム）の名前の由来は、もう明らかですね。サイクル内で実行された交換では、個人は最良の財を得ているからです。

　実際の TTC アルゴリズムの実行例を見てみましょう。

<例4（TTCアルゴリズムの実行）>
　図表 5-9 のような配分マッチング市場を考えます。

ステップ1：図表5-10 の左に示すように、各個人は最も好きな財を指差し、各財はその所有者を指差します。すると、一つのサイクル (h_1, i_1, h_2, i_2) を見つけることができます。このサイクル上で財を交換して、i_1 は h_2 を得て、i_2 は h_1 を得ます。一方、i_3 はサイクルに入っていません。

図表 5-10　サイクルの図

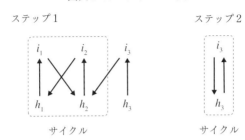

ステップ2：ステップ1のサイクル内の個人 i_1 と i_2、そして財 h_1 と h_2 を取り除き、残るのは個人 i_3 と財 h_3 です。残りの財は h_3 しかないので、i_3 は h_3 を指差します。一方、h_3 は所有者の i_3 を指差し、図表 5-10 の右のような自明なサイクル (h_3, i_3) ができます。このサイクル上の交換を実施しますが、このサイクルには一人しかいないので i_3 は自分自身の財を得ることになります。

TTC メカニズムは、耐戦略性とパレート効率性に加えて、個人合理性も満たされることが知られています。個人合理性が成り立つ理由は、サイクルの出来上がりに注目すれば明らかです。TTC マッチングでは、個人がマッチする財はサイクル内にあり、自分の所有する財は自分を指差しているので、各個人は自分の所有財をいつでも手に入れることができるからです。

また、私的所有下で、耐戦略性、個人合理性、パレート効率性を満たすメカニズムは、一つしかなく、それはTTCメカニズムであることが1994年にマ（Ma）によって証明されました。

公平性を目指す確率的メカニズム

　私的所有下で耐戦略性、個人合理性、そしてパレート効率性という望ましい性質を満たすのは、TTCメカニズムだけであることを紹介しました。言い換えれば、私的所有下で望ましいメカニズムを選ぼうとすれば、TTCメカニズムしかないということになります。では、共同所有下ではどうでしょうか。共同所有下では、人々の選好によっては、すべてのマッチングが<u>不公平</u>になる事態が起きます。次の例を見ましょう。

＜例5（不公平な状況）＞
　二人と二財の図表5-11で示される配分マッチング市場を考えます。二人とも同じ選好を持っており、財h_1が第1希望で、財h_2が第2希望です。この市場には二つのマッチングしかありません。一つのマッチング（図表5-11でのマッチングμ_1）では、個人i_1と財h_1、個人i_2と財h_2がマッチします。もう一つのマッチング（図表5-11でのマッチングμ_2）では、逆に、個人i_1と財h_2、個人i_2と財h_1がマッチします。大事なのは、どのマッチングでも、人気の財h_1にマッチす

図表5-11　例5の配分マッチング市場におけるすべてのマッチング

マッチング μ_1		マッチング μ_2	
$\succsim_{i1}$	$\succsim_{i2}$	$\succsim_{i1}$	$\succsim_{i2}$
$\underline{h_1}$	h_1	h_1	$\underline{h_1}$
h_2	$\underline{h_2}$	$\underline{h_2}$	h_2

る個人がいて、不人気の財 h_2 にマッチする個人がいることです。人気の財とマッチした個人はいいですが、不人気な財にマッチした個人は悔しい思いをします。この意味で、どんなマッチングも不公平な状況になります。二つのマッチングともパレート効率的なのは明らかなので、効率性を叫ぶだけではこの不公平を避けることはできません。

　経済学はこのような不公平性を回避する二つの方法を提供しています。一つは、金銭的な補償です。人気財を得た人から不人気財を得た人へ金銭を渡すことで、不公平感を和らげようとするものです。しかし、配分マッチング市場では、そのような金銭的なやりとりは考慮しません。大学入学や臓器移植などの実際の市場では、そもそも金銭的なやりとりは禁止されています。もう一つの別なやり方が、確率的にマッチングを選ぶくじを導入することです。例えば、くじを使ってマッチング μ_1 を確率 0.5 で選び、マッチング μ_2 を確率 0.5 で選ぶとしましょう。このとき、各個人が人気財と不人気財を得る確率はそれぞれ 0.5 になり、この

確率はすべての人に共通です。このように、マッチングを決める前に<u>事前</u>に公平性を達成しようというのが、くじを導入する目的になります。

パレート効率性はすべての問題に一貫して適用できる概念です。しかしながら、公平性はある問題には適用できても、その他では適用できないことも多くあります。そのため、マッチング理論も含め経済学では、問題によって適切な公平性を考えることをします。

配分マッチング理論でも、いくつか公平性の概念が検討されていますが、その中でも最も基本的な**同等者均等化原理**のみ紹介します。基本的な考え方は、特徴の同じ人は同じ結果になるべきだというものです。配分マッチング市場での人々の違いは選好だけで、同じ選好を持つ人たちを同等者と捉え、その同等者らは全く同じ確率で財を得るようにするというものです。

では、耐戦略性とパレート効率性に加えて、同等者均等化原理を満たすような、確率的にマッチングを選ぶメカニズムは存在するのでしょうか。答えは、「存在する」です。優先順序メカニズムを思い出してください。これは、ある優先順序が与えられていて、これを基にしてマッチングを決めるというもので、そのマッチングは効率的でした。そこで、たくさんある全ての優先順序の中から一つを同じ確率で選び、選ばれた優先順序を用いて優先順序メカニズムを使う方法が考えられます。これが確率的にマッチングを選ぶメカニ

ズムの中でも有名な**確率的優先順序メカニズム**と呼ばれるものです。皆さんも何かを分けるとき、例えば、友人と二人でガム1個とアメ1個を分けるときに、じゃんけんをして優先順序を決めて、勝った優先順序により好きなものを選ぶような決め方をしたことはありませんか。このメカニズムがまさに、確率的優先順序メカニズムであると言えます。これが実際にどういうものであるかを理解するために、先ほど考えた例5を見ましょう。

＜例6（確率的優先順序メカニズム）＞
　二人と二財の例5で示された配分マッチング市場を考えます（図表5-12に再掲）。優先順序は2つあり、$f_1 = (i_1, i_2)$ と $f_2 = (i_2, i_1)$ です。優先順序が f_1 のときの優先順序マッチングは、図表5-12のマッチング μ_1 です。一方、優先順序が f_2 のときの優先順序マッチングは、図表5-12のマッチング μ_2 です。この二つのマッチングを同じ確率0.5で選ぶのが、確率的優先順序メカニズムになります。したがって、

- 個人 i_1 は、確率0.5で財 h_1、確率0.5で財 h_2 を得て、
- 個人 i_2 も、確率0.5で財 h_1、確率0.5で財 h_2 を得ます。

　この市場では、二人とも同じ選好を持っているので、個人 i_1 と i_2 が同等者です。この二人が同じ確率で

図表 5-12　例 5 の配分マッチング市場におけるすべてのマッチング

マッチング μ_1		マッチング μ_2	
$\succsim_{i1}$	$\succsim_{i2}$	$\succsim_{i1}$	$\succsim_{i2}$
$\underline{h_1}$	h_1	h_1	$\underline{h_1}$
h_2	$\underline{h_2}$	$\underline{h_2}$	h_2

財を得るというのが、同等者均等化原理なので、上の例では明らかにこの原理が満たされます。

優先順序メカニズムは、インセンティブとして耐戦略性、効率性として事後的効率性、公平性として同等者均等化を満たすことが知られています。ここで、事後的効率性とは、くじが引かれて不確実性が解消したときの（事後的な）マッチングがパレート効率的になるということです。耐戦略性は、優先順序メカニズムの耐戦略性がそのまま引き継がれます。

3　多対一配分マッチング市場

図表 5-1 で示したように、配分マッチング市場で、一つの財が多数の人とマッチできて、一人は一つの財とだけマッチできるような場合を、多対一配分マッチング市場と呼びます。人がたった一つの財としかマッチ（あるいは消費）しないというのは、非常に限定的で現実にはないのではないかと思うかもしれません。

私もピッツバーグ大学でマッチング理論を受講した際に、そう思いました。しかし、学んでいくうちに、現実には多くの例があることが分かり、その有用性を強く感じました。例えば、本章の実例で紹介する保育園マッチングでは、児童と保育園のマッチングで、児童は一つの保育園だけ、保育園は定員まで多数の児童とマッチできます。公立の小学校や中学校では、生徒は一つの学校だけ、学校は定員まで多くの生徒とマッチできます。同様に、高校入試や大学入試でのマッチングもそうです。他にも、大学での進学振り分けのマッチングは、学生と学部・学科のマッチングです。コンサートやイベントのチケット、そして臓器移植もそうです。さらに、このような市場では、価格が需給を調整する役割がないか、金銭的やりとりが禁止されています。これらは、すべて配分マッチング市場の例になります。

これからまず、共同所有の場合に焦点を絞り、一対一配分マッチング市場を一般化した多対一配分マッチング市場を見ます。そのあとに、応用例も多い学校選択問題と呼ばれる、優先順序が加わった多対一配分マッチング市場を紹介します。

多対一マッチング市場
話を分かりやすくするために、生徒と学校とのマッチングを考えます。個人としての生徒を $i_1,..., i_m$ と表

し、非分割財としての学校を $s_1, \ldots, s_n$ と表します。そして、生徒の集合を I、学校の集合を S とします。i は individual（個人）の頭文字で、s は school（学校）の頭文字です。

一対一配分マッチング市場と比べて、多対一配分マッチング市場は一つだけ大きな違いがあります。それは、一つの学校（財）が多数の人とマッチできるという点です。学校は無限に多くの人とマッチできるわけではなく、物理的な制約などから定員があるものとします。そこで、学校 s の定員を q_s と表すことにしましょう。q は quota の頭文字です。

したがって、**多対一配分マッチング市場**は次の要素からなります。

1. 生徒の集合、$I = \{i_1, \ldots, i_m\}$
2. 学校の集合、$S = \{s_1, \ldots, s_n\}$
3. 各学校 s の定員 q_s、すべての学校の定員を集めたものを $(q_{s1}, \ldots, q_{sn})$ と書きます。生徒総数は定員総数を超えない、つまり $m \leq \Sigma_{s \in S} q_s$ と仮定します。これは全生徒が何らかの学校とマッチできることを表しています。これは強い条件と思うかもしれません。この逆の場合、つまり $m > \Sigma_{s \in S} q_s$ のときは、必ず財にマッチできない生徒がいます。マッチしないという選択肢として架空の学校を導入しましょう。誰でもマッチしないことを選ぶことはできるの

で、この架空学校の定員を生徒総数 m とします。すると、仮定（$m \leq \Sigma_{s \in S} q_s$）は常に成り立ちます。したがって、不等式の条件は強くなく、一般的だと分かります。このような誰でも取ることができるような選択肢のことを、経済学では**アウトサイド・オプション**と呼びます。
4. 各生徒 i はどの学校とマッチしたいかを表す選好 $\succsim_i$ を持ちます。これまでと同じように、選好は、学校を好きな順に一つ一つ書き下したもので、同じ希望順位の学校が複数あることはないような強い選好を考えます。

一対一配分マッチング市場から拡張できる概念

一対一配分マッチング市場の考えた様々な定義や結果は、以下のように自然な形で拡張できます。

- マッチング：生徒は一つの学校とマッチし、学校は定員まで生徒とマッチできます。
- メカニズム：生徒から報告された選好プロファイルからマッチングを決める関数（手続き方法）です。学校には選好がないので、選好を報告することはしません。ただし、次節で扱う優先順序付き配分マッチング市場では、学校はどの生徒とマッチしたいかという優先順序を持ちます。この点については、次節で詳しく説明します。

- 個人合理性：私的所有下で自分自身とマッチするか、それよりも良い学校とマッチするようなマッチングです。共同所有下でアウトサイド・オプションを考えた際には、アウトサイド・オプション以上に好ましい学校とマッチするようなマッチングになります。
- パレート効率性：パレート改善は、二つのマッチングを比較して、すべての人が悪くなることなく、一部の人を改善できるような状況を表します。パレート改善ができないようなマッチングのことをパレート効率的と言います。
- 耐戦略性（戦略的操作不可能性）：耐戦略的なメカニズムでは、他の生徒の報告にかかわらず、どの生徒にとっても本当の選好を報告することが常に最適（支配戦略）になります。
- 優先順序メカニズム：優先順序が与えられているとき、それに従って、優先順位の高い生徒から財を得るようなメカニズムのことです。一対一配分マッチング市場のときと同様に、このメカニズムは耐戦略性、パレート効率性を満たします。
- 確率的優先順序メカニズム：等確率で優先順序を選び、その下で優先順序メカニズムを実行するメカニズムのことです。一対一配分マッチング市場のときと同様に、このメカニズムは耐戦略性、事後的効率性、同等者均等化原理を満たします。

多対一配分マッチング市場で登場する新しい性質

　学校は定員まで多くの生徒とマッチできる点が新しく導入された点です。これに伴い、定員割れする学校が出る可能性があります。定員割れが起こった場合、その学校をマッチさせられている学校より好む生徒がいれば問題です。そのような生徒は現在マッチしている学校よりも定員割れしている学校を希望しているので、その定員割れしている学校に移っても問題はないはずです。財としての学校には特定の生徒とマッチしたくないという選好は、多対一配分マッチング市場の要件に入っていないからです。定員割れの学校を希望する生徒がいるようなマッチングのことを**浪費的**と呼びます。望ましいマッチングの一つの性質として、浪費的でないこと、つまり非浪費的であるということを導入します。より正確に定義しましょう。**非浪費的**なマッチングμとは、$s \succ_i \mu(i)$となるような学校sと生徒iがいるならば、その学校sは定員一杯まで生徒とマッチしていることです。

　＜例7（配分マッチング市場における浪費性）＞
　3人の生徒（i_1, i_2, i_3）と2つの学校（s_1, s_2）を考えます。各学校の定員を2とします。よって、$q_{s1} = q_{s2} = 2$です。生徒は図表5-13のように共通の選好を持っています。図表5-13の下線で示されるようなマッチングが浪費的か否かを確かめましょう。

図表 5-13　浪費的なマッチングの例

$\succsim_{i1}$	$\succsim_{i2}$	$\succsim_{i3}$
$\underline{s_1}$	s_1	s_1
s_2	$\underline{s_2}$	$\underline{s_2}$

すぐに分かることは、一番人気の学校s_1は定員割れで、二番人気の学校s_2は定員一杯になっていることです。一番人気の学校にマッチしていない生徒はi_1以外の2人で、この2人は皆、自分のマッチしている学校よりも定員割れを起こしている学校s_1とマッチしたいと思っています。よって、このマッチングは浪費的であることが分かります。

非浪費性は弱い形のパレート効率性で、一般にパレート効率的なマッチングは常に非浪費的です。

4　優先順序付き多対一配分マッチング市場：学校選択問題

前節で紹介した多対一配分マッチング市場に、共同所有下で優先順序に関する条件を一つ加えたものは、**優先順序付き多対一配分マッチング市場**と呼ばれます。この市場は、アブダルカディログルとソンメッツによって2003年に導入され、特に児童と小学校との

マッチングを応用例として考えていたので、**学校選択問題**とも呼ばれます。この市場の実際の応用例は非常に多く、研究成果が次々と世界各国で実践されています。その実践例は後ほど紹介します。

新たに導入するのは、各学校 s が独自の優先順序 $\succsim_s$ を持つことです。優先順序は、学校がどの生徒とマッチしたいかを表し、生徒に 1 番目から順に一人ずつ順序をつけたものです。ここでは、マッチしたくないという選択肢が優先順序に入っていないので、各学校はすべての生徒を受け入れてもよいと仮定されています。もちろん、この仮定を緩めることができますが、ここでは説明の簡略化のためそのようにしています。

すべての学校の優先順序を集めたもの $(\succsim_{s1},…, \succsim_{sn})$ を優先順序プロファイルと呼びます。注意すべきことは、優先順序は記号 $\succsim$ を用いていますが、選好とは違うということです。学校はただ単に非分割財であり、消費されるだけで、選好は持ちません。そして通常、優先順序はあるルールに従って作られ、学校が操作できるものではありません。例えば、多くの場合、公立小学校と生徒とのマッチングにおける優先順序は、地方政府（または教育委員会）が学校との距離や兄弟姉妹の在学の有無などにより決定します。また、大学入試では試験の点数によって優先順序が決まります。

図表 5-14　優先順序付き配分マッチング市場の例

生徒の選好			学校の優先順序	
$\succsim_{i1}$	$\succsim_{i2}$	$\succsim_{i3}$	$\succsim_{s1}$ [2]	$\succsim_{s2}$ [1]
s_1	s_1	s_2	i_1	i_2
s_2	s_2	s_1	i_2	i_3
			i_3	i_1

<例8（優先順序付き配分マッチング市場）>

優先順序付き配分マッチング市場は図表 5-14 のように表すことができます。3 人の生徒 i_1, i_2, i_3 がいて、2 つの学校 s_1 と s_2 があります。学校 s_1 の定員は 2、学校 s_2 の定員は 1 です。つまり、$q_{s1}=2$、$q_{s2}=1$ です。この定員は、図表 5-14 で各学校の優先順序の隣に、角括弧 [　] の中の数で表されています。生徒の選好は以前と同じです。一方、学校の優先順序は、生徒に対する順序で、順位の高い順に上から並べています。例えば、学校 s_2 の優先順序 $\succsim_{s2}$ では、優先順位 1 番が i_2、優先順位 2 番が i_3、優先順位 3 番が i_1 となっています。

公平性と安定性

パレート効率性は、マッチング市場だけでなく、ゲームでもすべての問題に統一的に適用することができます。一方、公平性は、文脈や問題ごとに適切な概念を考慮することが必要になります。では、優先順序付

き配分マッチング市場では、どのような公平性が適切でしょうか。

大学入試の文脈で考えると理解しやすいです。例えば、人気な大学 A と不人気な大学 B があり、あなたは両方の入学試験を受けました。A からは不合格通知が来て、B から合格通知が来ました。あなたは B より A を希望しており、A には自分よりも点数（優先順位）の低い学生が合格していたとしましょう。これには、あなたも怒るでしょう。このようなことが起こらないのが、優先順序付き配分マッチング市場での公平性と定義します。

より正確に定義します。マッチング μ が**不公平**とは、ある生徒 i と学校 s のペア (i, s) について、生徒 i は現在マッチしている学校 $\mu(i)$ よりも学校 s を希望しており（$s \succ_i \mu(i)$）、学校 s はマッチしている生徒の中に生徒 i よりも優先順位の低い生徒 j がいる（$i \succ_s j$）ことです。この不公平は**正当化された羨望がある**とも呼ばれます。というのも、上記で生徒 i は生徒 j を羨み、それが優先順序によって正当化されると解釈できるからです。また、上記の生徒 i と学校 s のペアの条件は、二部マッチング市場で安定性を定義する際に考えたブロックと同じです。そして、不公平でないマッチングを**公平なマッチング**と定義します。

優先順序付き配分マッチング市場での**安定性**は、非浪費性で公平性を同時に満たすものとなります。ここ

で、非浪費性は学校にブロックされないことに相当します。生徒によるブロックは、生徒は常に学校を受け入れる（マッチしたくないという選択肢をこの市場では考えていない）ので、起こり得ないことになります。アウトサイド・オプションがある場合は、非浪費性が生徒にブロックされない条件にもなります。

マッチングの公平性と安定性を使って、メカニズムの公平性と安定性を定義します。**メカニズムが公平（安定的）**とは、すべての選好プロファイルに対して常に公平（安定的）なマッチングを選ぶようなメカニズムのことです。よって、不公平（不安定）なメカニズムとは、少なくとも一つの選好プロファイルで不公平（不安定）なマッチングが生じるようなメカニズムです。

多対一マッチングにおける二部マッチング市場と配分マッチング市場との違い

配分マッチング市場で財が持つ優先順序は、数学的には選好と同じ役割を果たすので、全く同じ理論的結果になるのではないかという疑問が生じます。二部マッチング市場では両方の側が人で、配分マッチング市場では片方の側だけが人からなることが重要です。これにより、マッチングやメカニズムの性質の定義に大きな違いが出てきます。

一つはメカニズムのインセンティブです。二部マッ

チング市場では両方の側のすべての人のインセンティブを考慮に入れる必要があるのに対して、配分マッチング市場では必要なのは片方の側だけです。よって、耐戦略性の面では、二部マッチング市場のほうの条件が強くなります。二つ目はマッチングのパレート効率性です。パレート効率性は、他の人を悪くさせることなく一部の人を良くさせるパレート改善の機会がないことでした。二部マッチング市場では両側に人がいるのに対して、配分マッチング市場では片側だけに人がいるので、配分マッチング市場の方がパレート改善しやすくなります。そのような改善がないことがパレート効率性なので、二部マッチング市場よりも配分マッチング市場のほうがパレート効率性を満たしにくくなります。最後はマッチングの安定性です。二部マッチング市場ではペアが逸脱するインセンティブがないというものでしたが、配分マッチング市場ではそのような逸脱のインセンティブではなく、先述の通り公平性がこれに該当します。

ボストンメカニズム（受入即決メカニズム）

まず、学校選択、進学振り分け、大学での研究室やゼミ配属でよく用いられるメカニズムを見てみましょう。それは、**受入即決メカニズム**で、米国ボストン市の児童に小学校を割り当てる学校選択で使われていたので、**ボストンメカニズム**とも呼ばれます。このメカニ

ズムは、いくつかのステップ（段階）に分かれて、生徒が応募し、学校は応募生徒を即決してマッチします。DAメカニズムは受入の意思決定が保留される点で対照的です。

ボストンメカニズムは、選好プロファイルと優先順序が与えられたときに、次のようなアルゴリズムに従ってマッチングを選びます。簡単化のため、そのマッチングを**ボストンマッチング**と呼びます。

ボストンアルゴリズム
- ステップ1：各生徒は第1希望の学校に応募します。各学校は、応募者数が定員以下のときは応募者全員を受け入れてマッチします。応募者数が定員を超えた場合は、学校は優先順位の高い順に生徒を受け入れてマッチし、残りの生徒を断ります。どの学校にも断られた生徒がいない場合は、アルゴリズムを終了します。断られた生徒がいる場合には、次のステップに進みます。
- ステップ2：ステップ1で断られた各生徒は第2希望の学校に応募します。各学校が受け入れられる生徒数は、定員からステップ1で受け入れた生徒の数を差し引いたものです。これを新定員と呼びます。各学校は、新規応募者数が新定員以下のとき、その応募者全員を受け入れてマッチします。新規応募者数が新定員を超えた場合は、学校は優先順位の高い

順に生徒を受け入れてマッチし、残りの生徒を断ります。断られた生徒がいない場合は、アルゴリズムを終了します。断られた生徒がいる場合には、次のステップに進みます。
- ステップ3以降：以上を繰り返します。

このアルゴリズムは、最大で学校の数（選好の長さ）に等しいステップで終了します。また、定員総数は生徒総数以上なので、生徒は必ず学校とマッチします。アウトサイド・オプションとして、マッチしないことを学校に含められることも念頭に置きましょう。また、このアルゴリズムの特徴は、各ステップで決まるマッチが最終決定で、DAアルゴリズムのように仮のマッチではないことです（配分マッチング市場でのDAアルゴリズムは、後ほど説明します）。

ボストンメカニズムは、非浪費的でパレート効率的ですが、耐戦略的でないことと、公平でないことに特徴があります。なぜそうなのかを理解するために例を見ましょう。

＜例9（ボストンメカニズムの非耐戦略性と不安定性）＞
図表5-15のような3人の生徒と3つの学校からなる配分マッチングを考えます。
まず、ボストンマッチングをアルゴリズムに沿って求めてみます。

図表 5-15　ボストンメカニズムの非耐戦略性と不安定性の例

生徒の選好			学校の優先順序		
$\succsim_{i1}$	$\succsim_{i2}$	$\succsim_{i3}$	$\succsim_{s1}[1]$	$\succsim_{s2}[1]$	$\succsim_{s3}[1]$
$\underline{s_1}$	$\underline{s_2}$	s_2	i_3	$\underline{i_2}$	i_1
s_2	s_1	s_1	$\underline{i_1}$	i_3	i_2
s_3	s_3	$\underline{s_3}$	i_2	i_1	$\underline{i_3}$

ステップ1：生徒 i_1 は第1希望の学校 s_1 に応募し、生徒 i_2 と i_3 は第1希望の学校 s_2 に応募します。学校 s_1 は応募生徒数が定員以下なので、i_1 をそのまま受け入れ、マッチが確定します。一方、学校 s_2 は定員1を超える生徒2名が応募しているので、優先順位の高い生徒 i_2 を受け入れ、生徒 i_3 を断ります。これを

	s_1 [1]	s_2 [1]	s_3 [1]
ステップ1	i_1	$i_2, \cancel{i_3}$	

と書きます。角括弧内の数字は定員を表します。

ステップ2：断られた生徒 i_3 は第2希望の学校 s_1 に応募します。しかし、学校 s_1 は既にステップ1でマッチしているので (新定員は0)、これ以上生徒を受け入れられず、生徒 i_3 を断ります。これを

	s_1 [0]	s_2 [0]	s_3 [1]
ステップ2	$\cancel{i_3}$		

と書きます。角括弧内の数字は新定員を表します。

ステップ3：断られた生徒 i_3 は第3希望の学校 s_3 に応募します。学校 s_3 はまだ誰ともマッチしておらず、

応募者は一人だけなので、生徒i_3を受け入れます。これを

	$s_1 [0]$	$s_2 [0]$	$s_3 [1]$
ステップ3			i_3

と書きます。もう誰も断られないので、アルゴリズムはここで終了です。したがって、生徒i_1は学校s_1にマッチ、生徒i_2は学校s_2にマッチ、生徒i_3は学校s_3にマッチします。

以上の実行過程を図表5-16のようにまとめて表します。

この例をよく見ると、なぜボストンメカニズムが耐戦略的でないかが分かります。生徒i_3に注目しましょう。図表5-15の彼女の選好が真とします。彼女は真の選好で第3希望の学校s_3にマッチしますが、より希望の高い学校s_1を考えます。学校s_1は、ステップ1で生徒i_1だけが応募してきたので、i_1とマッチしました。けれども、生徒i_3はこのi_1より優先順位が高いので、（本当の選好ではなく）第1希望がs_1だと嘘をつけば、学校s_1とマッチできます。これはボストンメカニズムが耐戦略的でないことを意味します。

さらに、図表5-15の選好プロファイルでは、ボストンマッチングは安定的でありません。というのも、生徒i_3と学校s_1がブロックするからです。つまり、生徒i_3にとって現在の学校s_3よりも学校s_1がいいですし、学校s_1にとっても現在の生徒i_1よりも生徒i_3の

図表5-16　ボストンメカニズムの実行例

ボストン	$s_1\,[1]$	$s_2\,[1]$	$s_3\,[1]$
ステップ1	i_1	$i_2, \cancel{i_3}$	
ステップ2	$\cancel{i_3}$		
ステップ3			i_3
マッチ	i_1	i_2	i_3

ほうが高い優先順位になっています。

　ボストンメカニズムの大きな問題はインセンティブ設計にあります。ある学校での優先順位が高くても、その生徒が第1希望で選好を報告しない限り、第1希望で出した他の生徒に学校の席を取られてしまいます。よく新聞等では、第1希望には不人気な学校を書きなさい、あるいは第1希望が大事なので、あまり高望みするとうまくいかなくなる、というようなアドバイスがされています。ボストンメカニズムには、生徒により有利な選好を報告する強いインセンティブがあるので、生徒間に読み合いが発生するのです。

　ボストンメカニズムに似たメカニズムを使っている日本の多くの大学における研究室配属や学部・学科の進学先選択では、生徒の読み合いが発生し、噂が（意図的に？）流れ、その結果人気な研究室や学部・学科が定員割れを起こし、後悔する学生が出てきます。このようなインセンティブの問題が社会問題となった米

国ボストン市では、児童の公立小学校への割り当てを2005年に変更しました。ボストンメカニズムから、次に説明するDAメカニズムになったのです。

DAメカニズム（受入保留メカニズム）

前章で多対一の二部マッチング市場でDAメカニズム（受入保留メカニズム）を考えました。一つの学校とマッチする生徒から提案し、学校側が多くの生徒とマッチするような**生徒側（提案）DAメカニズム**を考えましょう。経済主体は生徒だけで一つの学校とマッチするので、このメカニズムは耐戦略的になり、また安定マッチングの中で生徒にとって最も良いマッチング（生徒側最適安定マッチング）を選びます。この意味で、生徒側DAメカニズムはボストンメカニズムの欠点であった非耐戦略性、不安定性と不公平性を克服します。しかし、生徒側DAメカニズムはパレート効率的ではありません。つまり、ときどき、パレート非効率的な生徒側DAマッチングになることがあります。この点については、これから詳しく説明します。

ボストンメカニズム（受入即決メカニズム）では各ステップでの受け入れが確定で即決なのに対して、生徒側DAメカニズム（受入保留メカニズム）における各ステップでの受け入れは仮で一時的で保留されるということを理解するのは極めて重要です。

生徒側DAメカニズムの性質を説明する前に、アル

ゴリズムをより正確に記述します。このメカニズムは、選好と優先順序のプロファイルが与えられたときに次のようなアルゴリズムに従ってマッチングを選びます。簡単化のため、そのマッチングを**生徒側 DA マッチング**と呼びます。

生徒側 DA アルゴリズム
- ステップ 1：各生徒は最も好きな学校に応募します。各学校は、応募者数が定員以下のときは応募者全員を一時的に受け入れて仮にマッチします。応募者数が定員を超えた場合は、学校は優先順位の高い順に生徒を一時的に受け入れて仮にマッチし、残りの生徒を断ります。断られた生徒がいない場合は、仮マッチを生徒側 DA マッチングとして決定し、アルゴリズムを終了します。断られた生徒がいる場合には、次のステップに進みます。
- ステップ s：前ステップで断られた各生徒は、まだ断られていない学校の中で最も好きな学校に応募します。各学校は、前ステップで仮にマッチした生徒とこのステップで新たに応募してきた生徒を一緒に考慮に入れます。この生徒数が定員以下のときはその生徒全員を一時的に受け入れて仮にマッチします。生徒数が定員を超えた場合は、学校は優先順位の高い順に生徒を一時的に受け入れて仮にマッチし、残りの生徒を断ります。断られた生徒がいない

場合は、仮マッチを生徒側 DA マッチングとして決定し、アルゴリズムを終了します。断られた生徒がいる場合には、次のステップに進みます。

生徒側 DA メカニズムは、二部マッチング市場での性質を引き継いで、耐戦略的です。また、生徒側最適安定マッチングを選びますが、パレート効率的ではありません。生徒側 DA マッチングは生徒側最適安定マッチングなので、生徒の希望をできるだけ満たすためにパレート改善しようとすると、安定性と公平性が失われることになります。次の例 10 で、このことを確認します。

<例10（生徒側提案DAメカニズムの非効率性）>
図表 5-17 のような 3 人の生徒と 3 つの学校からなる配分マッチングを考えます。図表 5-18 は生徒側 DA アルゴリズムの実行過程を示しており、図表 5-17 に生徒側 DA マッチングを下線で示しています。これを見ると、生徒 i_1 と i_2 が現在マッチしている学校を交換することで、二人とも第 2 希望から第 1 希望の学校へマッチすることになり、パレート改善することが分かります。つまり、生徒側 DA マッチングはパレート効率的ではありません。

生徒側 DA メカニズムは、パレート非効率的であるものの、生徒側最適安定になります。生徒側最適安定

図表 5-17　非効率的な生徒側 DA マッチングの例

生徒の選好			学校の優先順序		
$\succsim_{i1}$	$\succsim_{i2}$	$\succsim_{i3}$	$\succsim_{s1}[1]$	$\succsim_{s2}[1]$	$\succsim_{s3}[1]$
s_2^*	s_1^*	s_1	i_1	i_2	i_1
$\underline{s_1}$	$\underline{s_2}$	$\underline{s_3}$	i_3	i_1	i_2
s_3	s_3	s_2	i_2	i_3	i_3

※下線で示したDAマッチングで、i_1とi_2が交換することによりパレート改善する。

図表 5-18　生徒側 DA アルゴリズムの実行過程

DA	$s_1[1]$	$s_2[1]$	$s_3[1]$
ステップ1	~~i_1~~, i_3	i_1	
ステップ2		~~i_1~~, i_2	
ステップ3	i_1, ~~i_3~~		
ステップ4			i_3
マッチ	i_1	i_2	i_3

マッチングは、安定マッチングの中で効率的なマッチングということになります。したがって、安定性と公平性が必ず満たされないといけないという制約があるならば、生徒側 DA メカニズムが望ましいメカニズムと考えられます。

TTCメカニズム（最良交換サイクルメカニズム）

生徒側提案 DA メカニズムは耐戦略性を満たしま

す。そして、安定的ですがパレート非効率的です。では、耐戦略性を維持したまま、パレート効率的なメカニズムはあるのでしょうか。

ヒントは、私的所有下で望ましいメカニズムはTTCで、耐戦略性、パレート効率性、そして個人合理性が満たされたことです。私たちが現在考えているマッチング市場では共同所有を仮定しているので、個人合理性は適用できません。しかし、TTCの最良の交換を実現していくということを応用して、パレート効率性を達成できるのではないかと推測できます。この推測により成功したのが、アブダルカディログルとソンメッツの2003年の論文です。これには二つの改良点があります。

一つ目は、私的所有下の配分マッチング市場では財は所有者を指差していましたが、財（学校）は優先順位の最も高い個人（生徒）を一人指差すということです。二つ目は、学校が定員まで多数の生徒とマッチできるので、アルゴリズムの中であと何人とマッチ可能かというカウンターを導入することです。学校が1回マッチして割り当ての問題から取り除かれるたびに、そのカウンターが1減ります。

では、**TTCメカニズム**（最良交換サイクルメカニズム；top trading cycles mechanism）を正確に記述します。選好と優先順序のプロファイルが与えられたときに次のようなアルゴリズムに従ってマッチングを選び

ます。簡単化のため、そのマッチングを **TTC マッチング** と呼びます。

TTC アルゴリズム

- ステップ1：各学校にカウンターという数を導入します。このカウンターは学校があと何名の生徒とマッチできるかを表します。まず、このカウンターを定員に設定します。各生徒は最も好きな学校を一つ指差し、各学校は優先順位の最も高い生徒を一名指差します。このとき、少なくとも一つのサイクルが存在します。一つ一つのサイクル内において、生徒は左隣にある優先順位の高い学校を手放し、右隣の学校とマッチするような交換を実行します。具体的には、サイクルを $(s^1, i^1, s^2, i^2, ..., s^l, i^l)$ としたとき、生徒 i^k は学校 s^k とマッチします。すべてのサイクルで交換を実行した後に、サイクルに含まれる生徒を取り除き、学校のカウンターを1だけ減らします。このカウンターが0になった場合に、学校は取り除かれます。残った生徒がいない場合に、アルゴリズムが終了します。残った生徒がいる場合は次のステップに進みます。
- ステップ2：残りの生徒と学校だけを考えます。残っている各生徒は最も好きな学校を一つ指差します。そして、残っている各学校は、残っている生徒の中で優先順位の最も高い生徒を一名指差します。

このとき、少なくとも一つのサイクルが存在します。一つ一つのサイクル内において、生徒は左隣にある優先順位の高い学校を手放し、右隣の学校とマッチするような交換を実行します。具体的には、サイクルを $(s^1, i^1, s^2, i^2, ..., s^l, i^l)$ としたとき、生徒 i^k は学校 s^k とマッチします。すべてのサイクルで交換を実行した後に、サイクルに含まれる生徒を取り除き、学校のカウンターを1だけ減らします。このカウンターが0になった場合に、学校を取り除きます。残った生徒がいない場合に、アルゴリズムが終了します。残った生徒がいる場合は次のステップに進みます。
- ステップ3以降：以上のステップを生徒がいなくなるまで繰り返します。

TTCメカニズムは、私的所有下の配分マッチング市場での性質を引き継いで、耐戦略的で、パレート効率的です。しかし、安定性と公平性は満たされません。次の例11で、このことを確認します。

＜例11　（TTCメカニズムの不安定性と不公平）＞
図表5-19のような4人の生徒と3つの学校からなる配分マッチングを考えます。学校 s_1 の定員だけ2で、他は定員1です。図表5-19にTTCマッチングを下線で示しています。

図表 5-19　不安定な TTC マッチングの例

生徒の選好				学校の優先順序		
$\succsim_{i1}$	$\succsim_{i2}$	$\succsim_{i3}$	$\succsim_{i4}$	$\succsim_{s1}[2]$	$\succsim_{s2}[1]$	$\succsim_{s3}[1]$
$\underline{s_1}$	$\underline{s_1}$	$\underline{s_2}$	s_2	i_3	i_1	i_1
s_2	s_2	s_1	$\underline{s_3}$	$\underline{i_1}$	i_2	$\underline{i_4}$
s_3	s_3	s_3	s_1	$\underline{i_2}$	i_4	i_3
				i_4	$\underline{i_3}$	i_2

※下線で示したTTCマッチングをi_4とs_2がブロックする。

TTC アルゴリズムを実行しましょう。

ステップ1：図表5-20のように、各生徒は最も好きな学校を指差し、各学校は優先順位の最も高い生徒を指差します。図表5-20で学校の下にある［　］内の数字はカウンターを表しています。例えば、学校 s_1 のカウンターは2です。

一つのサイクル (s_2, i_1, s_1, i_3) があります。生徒 i_1 は学校 s_1 にマッチし、生徒 i_3 は学校 s_2 にマッチします。次のステップのために、生徒 i_1 と i_3 を除きます。また、カウンターの数字を1減らすと、学校 s_1 のカウンターは1、学校 s_2 のカウンターは0になります。よって、学校 s_2 だけ除きます。残った生徒 i_2 と i_4、そして学校 s_1 と s_3 で次のステップに進みます。

ステップ2：図表5-21のように、各生徒は残っている

図表 5-20　例 11 における TTC アルゴリズムのステップ 1

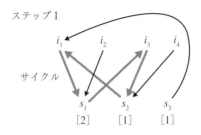

図表 5-21　例 11 における TTC アルゴリズムのステップ 2

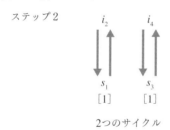

中で最も好きな学校を指差し、各学校は残っている中で優先順位の最も高い生徒を指差します。二つのサイクル (s_1, i_2) と (s_3, i_4) があります。生徒 i_2 は学校 s_1 にマッチし、生徒 i_4 は学校 s_3 にマッチします。これらの生徒を除くと、生徒は誰もいなくなるので、ここでアルゴリズムは終了です。

このようにして、図表 5-19 に下線で示されている TTC マッチングが得られます。これを見ると、生徒 i_4

と学校 s_2 がブロックすることが分かります。よって、TTC マッチングは安定的ではありません。

TTC メカニズムは、不安定であるものの、耐戦略的でパレート効率的になります。したがって、耐戦略性を前提として、パレート効率性を望ましいと判断すれば TTC メカニズム、安定性を望ましいと判断すれば生徒側 DA メカニズムを使うことが勧められます。

5 実際のマッチング市場

実践に向けて

以下では、これまで学んだ配分マッチング市場の実際の例を紹介します。実際の市場をデザインする際には、ただ単に素晴らしい理論だからあるメカニズムを使うというのではなく、様々な制約を考慮に入れて柔軟にメカニズムを修正することが大切です。近年、マッチング理論の発展は目覚ましく、様々な制約を取り入れた望ましいメカニズムが提案されています（本書のような入門書では扱えませんが）。

また、実際に市場をデザインする際には、理論だけでは完結できず、理論は実際にデザインする際のガイド役となります。理論で分からないときには、コンピューター上で仮想的に市場を再現して分からない点をシミュレーションで検討することや、被験者実験を行い市場の振る舞いを検討することもよく行われます。

公立学校選択

世界各国において、伝統的に生徒がどの小学校や中学校に通うかは居住する学区によって決まっていて、引っ越し以外で生徒に学校を選択する自由はありませんでした。米国では1987年にミネアポリスで自由な学校選択が始まり、全米各地に広まりました。ほとんどのマッチングのメカニズムはボストンメカニズム、あるいはその変形でした。アブドゥルカディログルとソンメッツが書いた2003年の論文がきっかけとなり、2005年に米国ボストン市で生徒側DAメカニズムが採用されました。また、米国ニューヨーク市では公立高校のマッチングでも生徒側DAメカニズムが採用されました。これを契機として、全米各地に生徒側DAメカニズムの採用が広がりました。一方で、TTCメカニズムは2012年に初めて米国ニューオーリンズで採用されました。

日本で、初めて学校選択制が導入されたのは、三重県紀宝町で1998年でした。その後、多くの自治体で採用が進んでいますが、メカニズムは本格的なものとは言えないのが現状です。

学校選択制についての詳細は安田洋祐編著『学校選択制のデザイン――ゲーム理論アプローチ』(2010年、NTT出版)に詳しい説明があります。

保育園マッチング

日本では、児童を保育施設に割り当てる保育園マッチングを各自治体が担当しています。児童の保護者は、二種類の情報を報告します。一つ目は希望（選好）です。自治体によっては、第3希望まで、第30希望までという制約があります。このように制約がある場合には、児童側DAメカニズムを使っても耐戦略性が失われます。二つ目は、家庭の事情など保育を必要とする事由です。これにより、基準点や保育指数と呼ばれる点数が機械的に計算され、優先順序が決まります。現行制度では、基本的に、この優先順序は自治体内のすべての保育園に共通です。この場合、児童側DAメカニズムやTTCメカニズムは、優先順序メカニズムと同じになります。

内閣府が提唱するメカニズムには、2種類のパターンがあります。パターン1は保育指数をより重視する方法で、児童側DAメカニズムと解釈されます。パターン2は、希望順位をより重視する方法で、ボストンメカニズムと解釈されます。

近年、保育園マッチングをAI（人工知能）により決定することが報道されています。マッチング理論で安定性や効率性など望ましいマッチングを生み出すメカニズムが利用できるのに（そのマッチングの計算は数秒で終わります）、AIを使うことの経済学的根拠は全くありません。現実的な制約がいろいろとあったと

しても、児童側 DA や TTC メカニズムにそれを組み込むことも可能で、多くの研究があります。また、自治体でのマッチング作業は手作業で行い時間がかかる場合が多く、自動化されればこの作業は大幅に短縮されます。

高校・大学入試マッチング

日本では年度末の3カ月の間に、多くの生徒と学校のマッチが行われます。入学試験により生徒が学校に割り当てられます。生徒は自分の希望する学校に願書を提出し、個別に試験を受けて、学校は他の学校との調整なしに独自に合格者を決定します。このように学校が自由に入学者を決定するような制度は分権的と言われます。このような分権的制度は世界的には希です。数千人から数十万人の生徒と数十校から数百校が関わるので、この分権的市場には混雑が発生し、たびたび社会問題になります。ロスによると、混雑とは「参加者がより良い意思決定をするためにできるだけ多くの機会を獲得、考慮する時間を十分に確保できない」状態です。例えば、2010年代後半から政府は、定員超過した場合に補助金が減額されるなど大学の定員厳格化を行っています。特に、私立大学は合格者の入学辞退によって定員割れを防ぐために、定員を超えた合格者を出して、このリスクに対処しています。ところが、定員厳格化により、大学は定員割れリスクに

加えて、定員超過のリスクにもさらされることになり、追加合格を少なめに出すことで対処します。受験生にとってみると、一度入学を決めて入学金を支払った後に、希望の大学から追加合格が来ることもあり、難しい決断を迫られます。

このようなことを避けるためには、私が日本経済新聞で提案したような集権的マッチング・メカニズムが有効です。提案したのは、まず、情報交換機構のような調整機関を設立することです。そして、学生は希望する大学の学部・学科を受験前に情報交換機構に提出し、提出した学部・学科の入学試験を受けます。大学は入学試験の結果を優先順序にして情報交換機構に提出します。そして、生徒側DAメカニズムを使い、マッチングを求めて、生徒と大学に通知します。これにより、公平な生徒側最適安定マッチングが得られ、混雑によって生じる問題が解決されることが期待できます。

海外の例を紹介しましょう。例えば、トルコ、ベトナムや中国では集権的メカニズムを用いていて、DAメカニズムのアルゴリズムを少し修正して用いています。ドイツは非常に興味深い制度を2012年から使っています。大学入学財団という組織が大学側DAメカニズムを運用するものです。それは、単にコンピューター上だけで選好プロファイルや優先順序を処理するのではなく、いくつかの段階からなります。

第1段階で参加する大学が登録し、生徒は12校まで願書を大学に提出し、その提出した順序が選好になります。大学は受け取った願書の情報を財団に送ります。第2段階では、各大学が優先順序をつくり、財団に送ります。そして、財団が大学の定員まで優先順位の高い生徒に合格通知を送ります。生徒は複数の大学に合格している場合もあり、その一つに決めることもでき（よって残りを断る）、また一時的に保留することもできます（複数も可能です）。断られた大学は次の学生に合格通知を出します。これが1カ月ほど続きます。第3段階で、まだマッチする大学を決めていない生徒は最終的な選好（最初の選好から変わっていてもよい）を提出し、大学側DAアルゴリズムをコンピューター上で使い、マッチングを決めます。第4段階で、定員割れの大学とまだ決まっていない生徒を対象に、確率的優先順序メカニズムを使い、マッチングが決められます。

大学系列高校における進学先決定
　早稲田大学の佐々木宏夫氏は2004年の論文「マッチング問題とその応用：大学入学者選抜の事例研究」において、早稲田大学の系列高校で、生徒が早稲田大学のどの学部・学科・専修に決まるかというマッチング市場で、かなり以前（少なくとも1960年代）からDAメカニズムを用いていることを報告しています。

使われているメカニズムは、ゲールとシャプレイと独立に構築されたそうです。

大学内での進学選択

学生が自分の専門を決めずに大学に入学し、在学中に成績と学生の選好により、専門が決まる制度を導入している大学があります。例えば、東京大学が長い間採用しており、近年になり北海道大学や筑波大学でも導入されました。東京大学では、昔からボストンメカニズムに類似したメカニズムを使っていました。それは数段階からなり、各段階で学生は一つの希望する学部や学科を報告し、学部や学科は応募者を成績に基づき決定します。既に話したように、このようなボストンメカニズムでは、耐戦略性が満たされないこともあり、学生の読み合いが発生し、多くの学生が後悔する事態が発生します。東京大学では、一部を学生側DAメカニズムに変更しました。

公共住宅・新築分譲マンションの配分

自治体は公共賃貸住宅を提供しています。割安なこともあり人気が高く、その割り当てには多くの場合、確率的優先順序メカニズムが使われています。また、新築分譲マンションでは先行販売のとき、数回の募集で希望の住戸への申し込みを募り、それぞれの回で各住戸に対する入居者が抽選や先着順で決まることが多

いです。この方式は単願(一つの部屋だけに申込)でボストンメカニズムに近くなります。単願ではなく、複数の住戸の希望順を提出する場合もあるようですが、実際にどのようなメカニズムが使われているのかは明らかではありません。しかし、希望者に複数の住戸の希望順(選好)を提出してもらい、DAメカニズムなど集権的なメカニズムを運用すれば申込者はより満足できるのではないでしょうか。

イベントのチケットの販売：転売の可能性

コンサートなどのチケット販売では、個別の座席に対するオークションではなく、座席をA席、B席のように大まかに分けて価格を設定し、先着順あるいは抽選による販売が行われています。近年、高額な転売が問題になり、チケット不正転売禁止法が2019年6月より施行されました。

この問題と関連して、私は共同研究者とともにドイツのビザ面会予約システムの問題点を解決する方法を提案しました。ドイツに留学や就労する場合は、ビザが必要になり、申請にはドイツ大使館で面会する必要があります。面会時間の予約はオンライン上でIDなどを登録し、空いている日時を予約するという方式です。つまり、先着順で決まります。一見するとこれはうまくいきそうですが、民間業者が面会予約時間を高額で(高くて5万円程度)売り出すことが横行しまし

た。予約が可能になった途端、民間業者が偽のIDで大量に予約して販売します。顧客が購入すると、偽のIDの予約をキャンセルしますが、それを知っているのは業者だけなので、キャンセルと同時に空きが分かり、真の購入者を登録するのです。

これが問題なのは、そもそも無料であるのに民間業者が利益を得ており、予約は一杯なのに面会に来ない人が出てきたことです。ドイツ外務省は様々な策を試しましたが、どれも失敗しました。私と共同研究者が提案した方法は、先着順ではなく、一定期間（例えば1日）に申込者を募り、その期間の終了時に抽選を行い、当選したIDの人にだけ面会時間を配分するというものです。この新しい方法で、基本的に業者は儲けることができないことをゲーム理論的に証明し、それを被験者実験で確かめました。

臓器移植

臓器移植は他に救命の手段がない患者への有効な手段です。臓器を提供する人はドナー、臓器を受ける患者はレシピエントと呼ばれます。移植にはドナーのタイプにより、脳死ドナーからの脳死移植と生体ドナーからの生体移植の二つがあります。臓器をある患者に提供したいと思っても、医学的制約と社会的制約により、実現できない場合があります。医学的制約とは、ドナーと患者の間における血液型やHLA（ヒト白血

球抗原）などの適合性によるものです。例えば、血液型 A 型のドナーは血液型 B 型のレシピエントへは不適合ですが、A 型ドナーから AB 型レシピエントへは適合できます（図表 5-22 参照）。これらで適合しない場合、拒絶反応が起き、移植された臓器が機能を失います。そして、社会的制約とは、脳死ドナーは臓器提供意思登録者、生体ドナーはレシピエントの親族に限られ、そして臓器の売買は禁止されているということです。

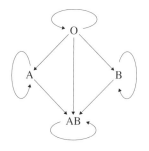

図表 5-22　血液型の適合

※矢印は、始点のドナーから終点のレシピエントへの移植で血液型が適合していることを示す。

　日本における臓器の提供数は非常に少なく、臓器移植を希望している待機患者は 2019 年 7 月末時点で 1 万 4000 人弱います。特に、脳死ドナー数は極めて低い水準にとどまっており、脳死移植が生体移植よりはるかに少ない唯一の国です。

　ドナー交換とは、腎臓、肺、肝臓の生体移植で、生体ドナーを交換することで、より多くの患者を救うための有効な方法です。例えば、図表 5-23 のような状況を考えましょう。一郎と一葉は夫婦で、A 型の一郎は B 型の一葉に臓器提供を希望しているペアですが、

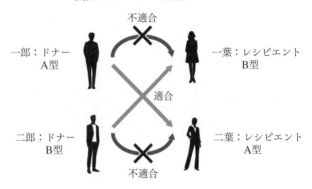

図表 5-23　ドナー交換のアイデア

一郎：ドナー A型
一葉：レシピエント B型
二郎：ドナー B型
二葉：レシピエント A型

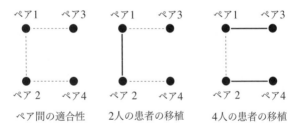

図表 5-24　デザインの重要性

ペア間の適合性　　2人の患者の移植　　4人の患者の移植

ペアは親族からなるドナーとレシピエントのペアを表す。そして、ペア間を結ぶ点線はドナー交換による移植が可能なことを表す。

血液型が不適合です。また、二郎と二葉は夫婦で、B型の二郎はA型の二葉に臓器提供を希望しているペアですが、同じく血液型が不適合です。一葉と二葉は、他に親族がドナーとして現れない限り、生体移植を受けられません。しかし、一郎が二葉に臓器を提供

し、二郎が一葉に提供すれば、一葉も二葉も移植を受けられます。これが**ドナー交換**です。

では、適当にドナー交換を実施するだけでよいのでしょうか。図表 5-24 を見ましょう。この図でのペアは親族同士からなるドナーとレシピエントで、点線はドナー交換による移植が可能なことを表しています。もしペア 1 とペア 2 でドナー交換移植を行うと、ペア 1 とペア 2 の 2 人の患者が移植を受けられ、他のドナー交換移植はできません。一方、ペア 1 とペア 3 の交換、ペア 2 とペア 4 の交換を行うと、4 人の患者が移植を受けられます。つまり、どの交換移植を実施するかをあらかじめデザインすることにより、より多くの患者が移植により助かることが分かります。

腎臓の移植について、より具体的に説明します。私たちには一人に二つの腎臓があり、一つの腎臓でも十分健康的な生活を送ることができます。このことにより、生体ドナーが可能になり、ドナー交換移植も可能になります。患者には通常、透析か移植の二つの有効な方法があります。ロス、ソンメッツ、そしてウンバーは 2004 年に、腎臓移植でのドナー交換の制度を私的所有下の配分マッチング市場（ドナーの腎臓を非分割財、患者がドナーの腎臓を所有している）と捉えました。そして、彼らは耐戦略性、パレート効率性、個人合理性が満たされる TTC メカニズムを提案しました。この論文を契機に、ドナー交換のための機関が初

めて米国ニューイングランド州でつくられ、メカニズムの運用が始まりました。2013年時点で米国の腎臓移植を受けた患者の10%はドナー交換です。

一方日本では、2004年に日本移植学会が「ドナー交換腎移植に関する見解」で「ドナー交換ネットワークなどの『社会的なシステム』によりドナー交換腎移植を推進すべきものではない」としています。その主な理由は、倫理的問題だけでなく、近年強力な免疫抑制剤が利用可能になり、医学的不適合性が克服されていることにあります。例えば、免疫抑制剤のおかげで、図表5-23の一郎は妻の一葉に移植できるようになり、わざわざドナー交換で非親族の二葉へと移植する必要がなくなるからです。ドナー交換移植に対する姿勢は、各国の医療制度・健康保険制度や臓器移植に対する考え方を反映しており、米国ではドナー交換移植が着実に増えています。

ただし、日本の透析患者は2017年末で32万人程度おり、年間の移植数は脳死移植116件、心臓死移植61件、生体移植1471件の計1648件です。透析患者数に比べて移植数が0.5%程度で非常に低い水準です。2009年の著書『日本の臓器移植』の中で東邦大学医学部名誉教授の相川厚氏は、2007年時点で一人の透析患者にかかる医療費は年間約600万円で、透析医療全体では年間1兆3000億円かかる一方、透析患者の医療負担は月に1万円程度だと報告しています。そし

て、一人の移植患者の医療費は年間160万円程度だそうです。ドナー交換が推進されないのは、透析患者にとっては負担が少なく、そして透析施設では定期的な収入になり、移植へのインセンティブが小さいことに原因がありそうです。移植へのインセンティブを高めることが、財源が極めて厳しい日本にとっての課題といえます。

一方で、エルギン、ソンメッツ、そしてウンバーは2018年に、肺移植と肝臓移植でのドナー交換移植を提案し、移植数を最大にするメカニズムを提案しました。腎臓移植と違う点は、ドナーが臓器提供後に健康に生活するために、2名のドナーがそれぞれ一部を提供するという点です。つまり、患者（経済主体）が財1単位だけ需要する状況より複雑で、財2単位を需要するような状況を考える必要があります。

もちろん、脳死移植では提供者の臓器はすべて利用可能なので、一名の提供者で十分です。さらに、腎臓移植と違い、肺移植では免疫抑制剤により血液型などの医学的不適合性を克服することはできません。その理由は、肺は非常に敏感な組織であり、患者が耐えられないこと、そして拒絶反応が万一起こった場合に、腎臓の場合は透析治療が可能ですが、肺移植では患者の死を意味するからです。このため、日本でも肺移植は患者を救う有効な手段になり得ます。

参考文献

第1章

Abdulkadiroglu, A. and T. Sonmez (2003): School Choice: A Mechanism Design Approach, *American Economic Review*, 93, 729-747.

Gale, D. and L. S. Shapley (1962): College Admissions and the Stability of Marriage, *American Mathematical Monthly*, 69, 9-15.

Roth, A. E., T. Sonmez, and M. U. Unver (2004): Kidney Exchange, *Quarterly Journal of Economics*, 119, 457-488.

Roth, A. E. and X. Xing (1994): Jumping the Gun: Imperfections and Institutions Related to the Timing of Market Transactions, *American Economic Review*, 84, 992-1044.

Shapley, L. and H. Scarf (1974): On Cores and Indivisibility, *Journal of Mathematical Economics*, 1, 23-37.

日本経済新聞朝刊 2019 年 1 月 15 日「カイゼンお役所仕事（4）まかり通る単年度主義」

日本経済新聞 2013 年 1 月 24 日付「教員の「駆け込み退職」調査 文科相「許されぬ」」

第2章

岡田章、『ゲーム理論 [新版]』有斐閣、2011 年

岡田章、『ゲーム理論・入門 [新版]——人間社会の理解のために』有斐閣、2014 年

神取道宏、『ミクロ経済学の力』日本評論社、2014 年

第3章

岡田章、『ゲーム理論・入門 [新版]——人間社会の理解のために』有斐閣、2014 年

岡田章、『ゲーム理論［新版］』有斐閣、2011 年
岸本信「協力ゲーム理論入門」、オペレーションズ・リサーチ、2015 年 6 月号
松林伸生「協力ゲームとその応用」、人工知能学会誌 25 巻 1 号、2010 年 1 月
武藤滋夫『ゲーム理論入門』日本経済新聞出版社、2001 年

第 4 章

Dubins, L.E. and D. A. Freedman (1981): Machiavelli and the Gale-Shapley Algorithm, *American Mathematical Monthly*, 88, 485-494.

Gale, D. and L. S. Shapley (1962): College Admissions and the Stability of Marriage, *American Mathematical Monthly*, 69, 9-15.

Haeringer, G. (2018): Market Design: Auctions and Matching, The MIT Press.

Immorlica, N., and M. Mahdian (2005): "Marriage, Honesty, and Stability." In Proceedings of the Sixteenth Annual ACM-SIAM Symposium on Discrete Algorithms, 53–62. Philadelphia: Society for Industrial and Applied Mathematics

Roth, A. E. (1982): The Economics of Matching: Stability and Incentives, *Mathematics of Operations Research,* 7, 617-628.

Roth, A. E. (1984): The Evolution of the Labor Market for Medical Interns and Residents: A Case Study in Game Theory, *Journal of Political Economy*, 92, 991-1016.

Roth, A. E. (1985): The College Admissions Problem is not Equivalent to the Marriage Problem, *Journal of Economic Theory*, 36, 277-288.

Roth, A. E. (1991): A Natural Experiment in the Organization of Entry-Level Labor Markets: Regional Markets for New Physicians and Surgeons in the United Kingdom, *American Economic Review*, 81, 415-440.

Roth, A. E. and M. A. O. Sotomayor (1990): *Two-sided Matching: A Study in Game-Theoretic Modeling and Analysis*, Cambridge: Econometric Society Monographs.

Roth, A. E. and X. Xing (1994): Jumping the Gun: Imperfections and Institutions related to the Timing of Market Transactions, *American Economic Review*, Vol. 84, pp. 992-1044

栗野盛光・高原勇 (2019)：モビリティサービスのマーケットデザイン、オペレーションズ・リサーチ、Vol.64、473-478、2019 年 8 月号

中島弘至 (2019)：経路依存による就職協定 (就活ルール) の分析―中学校・高校・大学における新卒労働市場の比較―、関西大学高等教育研究、第 10 号、131-142.

第5章

Abdulkadiroglu, A., Y. Che, P. Pathak, A. E. Roth, and O. Tercieux (2017): Minimizing Justified Envy in School Choice: The Design of New Orleans' Oneapp, *NBER Working Paper Series*.

Abdulkadiroglu, A., P. Pathak, and A. E. Roth (2005): The New York City High School Match, *American Economic Reivew*, 95, 364-367.

Abdulkadiroglu, A., P. Pathak, A. E. Roth, and T. Sonmez (2005): The Boston Public School Match, *American Economic Reivew*, 95, 368-391.

Abdulkadiroglu, A. and T. Sonmez (2003): School Choice: A Mechanism Design Approach, *American Economic Review*, 93, 729-747.

Ergin, E., T. Sonmez, and M. U. Unver (2017)：Dual-Donor Organ Exchange, 85, *Econometrica*, 1645-1671.

Gale, D. and L. S. Shapley (1962): College Admissions and the Stability of Marriage, *American Mathematical Monthly*, 69, 9-15.

Grenet J., Y. He, and D. Kubler (2019): Decentralizing Centralized Matching Markets: Implications from Early Offers in University Admissions, Working Paper.

Haeringer, G. (2018): Market Design: Auctions and Matching, The MIT Press.

Hakimov, R., C-P. Heller, D. Kubler, and M. Kurino (2019): How to Avoid Black Markets for Appointments with Online Booking Systems, Working Paper.

Ma, J. (1994): Strategy-Proofness and the Strict Core in a Market with Indivisibilities, *International Journal of Game Theory*, 23, 75-83.

Roth, A. E., T. Sonmez, and M. U. Unver (2004): Kidney Exchange, *Quarterly Journal of Economics*, 119, 457-488.

Shapley, L. and H. Scarf (1974): On Cores and Indivisibility, *Journal of Mathematical Economics*, 1, 23-37.

栗野盛光「ゲーム理論で考える（上）大学定員厳格化、混乱招く」、日本経済新聞朝刊「経済教室」、2018 年 5 月 18 日

栗野盛光「就活にマッチング活用も選択肢」、日本経済新聞朝刊「私見卓見」、2018 年 11 月 15 日

佐々木宏夫（2004）：マッチング問題とその応用：大学入学者選抜の事例研究、日本オペレーションズリサーチ学会第 51 回シンポジウム「ゲーム理論と離散数学との出会い」予稿集

日本臓器移植ネットワーク、http://www.jotnw.or.jp/、2019 年 8 月 12 日アクセス

日本透析医学会統計調査委員会、わが国の慢性透析療法の現況「2017 年末の慢性透析患者に関する集計」https://docs.jsdt.or.jp/overview/index.html、2019 年 8 月 12 日アクセス

アルビン・E・ロス、櫻井祐子（翻訳）『Who Gets What（フー・ゲッツ・ワット）――マッチメイキングとマーケットデザインの新しい経済学』日本経済新聞出版社、2016 年

安田洋祐編著『学校選択制のデザイン――ゲーム理論アプローチ』NTT 出版、2010 年

日経文庫案内 (1)

〈A〉経済・金融

1	経済指標の読み方(上)	日本経済新聞社
2	経済指標の読み方(下)	日本経済新聞社
3	貿易の知識	小峰・村田
5	外国為替の実務	三菱UFJリサーチ&コンサルティング
6	貿易為替用語辞典	東京リサーチインターナショナル
7	外国為替の知識	国際通貨研究所
8	金融用語辞典	深尾光洋
18	リースの知識	宮内義彦
19	株価の見方	日本経済新聞社
21	株式用語辞典	日本経済新聞社
22	債券取引の知識	武内浩二
24	株式公開の知識	加藤・松野
26	EUの知識	藤井良広
36	環境経済入門	三橋規宏
40	損害保険の知識	玉村勝彦
42	証券投資理論入門	大村敬野
44	証券化の知識	大橋和彦
45	入門・貿易実務	椿弘次
49	通貨を読む	滝田洋一
52	石油を読む	藤和彦
56	デイトレード入門	廣重勝彦
58	中国を知る	遊川和郎
59	株に強くなる 投資指標の読み方	日経マネー
60	信託の仕組み	井上聡
61	電子マネーがわかる	岡田仁志
62	株式先物入門	廣重勝彦
64	FX取引入門	廣重・平田
65	資源を読む	柴田明夫・丸紅経済研究所
66	PPPの知識	町田裕彦
68	アメリカを知る	実哲也
69	食料を読む	鈴木・木下
70	ETF投資入門	カン・チュンド
71	レアメタル・レアアースがわかる	西脇文男
72	再生可能エネルギーがわかる	西脇文男
73	デリバティブがわかる	可児・雪上
74	金融リスクマネジメント入門	森平爽一郎
75	クレジットの基本	水上宏明
76	世界紛争地図	日本経済新聞社
77	やさしい株式投資	日本経済新聞社
78	金融入門	日本経済新聞社
79	金利を読む	滝田洋一
80	医療・介護問題を読み解く	池上直己
81	経済を見る3つの目	伊藤元重
82	国際金融の世界	佐久間浩司
83	はじめての海外個人投資	廣重勝彦
84	はじめての投資信託	吉井崇裕
85	フィンテック	柏木亮二
86	はじめての確定拠出年金	田村正之
87	銀行激変を読み解く	廉了
88	仮想通貨とブロックチェーン	木ノ内敏久
89	シェアリングエコノミーまるわかり	野口功一
90	日本経済入門	藤井彰夫
91	テクニカル分析がわかる	古城鶴也

〈B〉経営

25	在庫管理の実際	平野裕之
28	リース取引の実際	森住祐治
33	人事管理入門	今野浩一郎
41	目標管理の手引	金津健治
42	OJTの実際	寺澤弘忠
53	ISO9000の知識	中條武志
63	クレーム対応の実際	中森・竹内
70	製品開発の知識	延岡健太郎
73	ISO14000入門	吉澤正
74	コンプライアンスの知識	髙巖
76	人材マネジメント入門	守島基博
77	チームマネジメント	古川久敬
80	パート・契約・派遣・請負の人材活用	佐藤博樹
82	CSR入門	岡本享二
83	成功するビジネスプラン	伊藤良二
85	はじめてのプロジェクトマネジメント	近藤哲生
86	人事考課の実際	金津健治
87	TQM品質管理入門	山田秀
88	品質管理のための統計手法	永田靖
89	品質管理のためのカイゼン入門	山田秀

#	タイトル	著者
91	職務・役割主義の人事	長谷川 直紀
92	バランス・スコアカードの知識	吉川 武男
93	経営用語辞典	武藤 泰明
95	メンタルヘルス入門	島 悟
96	会社合併の進め方	玉井 裕子
98	中小企業のための事業継承の進め方	松木 謙一郎
99	提案営業の進め方	松丘 啓司
100	EDIの知識	流通システム開発センター
102	公益法人の基礎知識	熊谷 則一
103	環境経営入門	足達 英一郎
104	職場のワーク・ライフ・バランス	佐藤・武石
105	企業審査入門	久保田 政純
106	ブルー・オーシャン戦略を読む	安部 義彦
107	パワーハラスメント	岡田・稲尾
108	スマートグリッドがわかる	本橋 恵一
109	BCP〈事業継続計画〉入門	緒方・石丸
110	ビッグデータ・ビジネス	鈴木 良介
111	企業戦略を考える	淺羽・須藤
112	職場のメンタルヘルス入門	難波 克行
113	組織を強くする人材活用戦略	太田 肇
114	ざっくりわかる企業経営のしくみ	遠藤 功
115	マネジャーのための人材育成スキル	大久保 幸夫
116	会社を強くする人材育成戦略	大久保 幸夫
117	女性が活躍する会社	大久保・石原
118	新卒採用の実務	岡崎 仁美
119	IRの成功戦略	佐藤 淑子
120	これだけは知っておきたいマイナンバーの実務	梅屋 真一郎
121	コーポレートガバナンス・コード	堀江 貞之
122	IoTまるわかり	三菱総合研究所
123	成果を生む事業計画のつくり方	平井・淺羽
124	AI（人工知能）まるわかり	古明地・長谷
125	「働き方改革」まるわかり	北岡 大介
126	LGBTを知る	森永 貴彦
127	M&Aがわかる	知野・岡田
128	「同一労働同一賃金」はやわかり	北岡 大介
129	営業デジタル改革	角川 淳
130	全社戦略がわかる	菅野 寛
131	5Gビジネス	亀井 卓也
132	SDGs入門	村上・渡辺
133	いまさら聞けないITの常識	岡嶋 裕史

〈C〉会計・税務

1	財務諸表の見方	日本経済新聞社
2	初級簿記の知識	山浦・大倉
4	会計学入門	桜井 久勝
12	経営分析の知識	岩本 繁
13	Q&A経営分析の実際	川口 勉
23	原価計算の知識	加登・山本
41	管理会計入門	加登 豊
48	時価・減損会計の知識	中島 康晴
49	Q&Aリースの会計・税務	井上 雅彦
50	会社経理入門	佐藤 裕一
51	企業結合会計の知識	関根 愛子
52	退職給付会計の知識	泉本 小夜子
53	会計用語辞典	片山・井上
54	内部統制の知識	町田 祥弘
56	減価償却がわかる	都・手塚
57	クイズで身につく会社の数字	田中 靖浩
58	これだけ財務諸表	小宮 一慶
59	ビジネススクールで教える経営分析	太田 康広
60	Q&A軽減税率はやわかり	日本経済新聞社

〈D〉法律・法務

#	タイトル	著者
2	ビジネス常識としての法律	堀・淵邊
3	部下をもつ人のための人事・労務の法律	安西 愈
4	人事の法律常識	安西 愈
6	取締役の法律知識	中島 茂
11	不動産の法律知識	鎌野 邦樹

日経文庫案内 (3)

14	独占禁止法入門	厚谷襄児	
20	リスクマネジメントの法律知識	長谷川俊明	
22	環境法入門	畠山・大塚・北村	
24	株主総会の進め方	中島茂	
26	個人情報保護法の知識	岡村久道	
27	倒産法入門	田頭章一	
28	銀行の法律知識	階・渡邉	
29	債権回収の進め方	池辺吉博	
30	金融商品取引法入門	黒沼悦郎	
31	会社法の仕組み	近藤光男	
32	信託法入門	道垣内弘人	
34	労働契約の実務	浅井隆	
35	不動産登記法入門	山野目章夫	
36	保険法入門	竹濱修	
37	契約書の見方・つくり方	淵邊善彦	
40	労働法の基本	山川隆一	
41	ビジネス法律力トレーニング	淵邊善彦	
42	ベーシック会社法入門	宍戸善一	
43	Q&A部下をもつ人のための労働法改正	浅井隆	
44	フェア・ディスクロージャー・ルール	大崎貞和	
45	はじめての著作権法	池村聡	

〈E〉流通・マーケティング

6	ロジスティクス入門	中田信哉	
16	ブランド戦略の実際	小川孔輔	
20	エリア・マーケティングの実際	米田清紀	
23	マーチャンダイジングの知識	田島義博	
28	広告入門	梶山皓	
30	広告用語辞典	日経広告研究所	
34	セールス・プロモーションの実際	渡辺・守口	
35	マーケティング活動の進め方	木村達也	
36	売場づくりの知識	鈴木哲男	
39	コンビニエンスストアの知識	木下安司	
40	CRMの実際	古林宏	
41	マーケティング・リサーチの実際	近藤・小田	
42	接客販売入門	北山節子	
43	フランチャイズ・ビジネスの実際	内川昭比古	
44	競合店対策の実際	鈴木哲男	
46	マーケティング用語辞典	和田・日本マーケティング協会	
48	小売店長の常識	木下・竹山	
49	ロジスティクス用語辞典	日通総合研究所	
50	サービス・マーケティング入門	山本昭二	
51	顧客満足［CS］の知識	小野譲司	
52	消費者行動の知識	青木幸弘	
53	接客サービスのマネジメント	石原直	
54	物流がわかる	角井亮一	
55	最強販売員トレーニング	北山節子	
56	オムニチャネル戦略	角井亮一	
57	ソーシャルメディア・マーケティング	水越康介	
58	ロジスティクス4.0	小野塚征志	

〈F〉経済学・経営学

3	ミクロ経済学入門	奥野正寛	
4	マクロ経済学入門	中谷巌	
7	財政学入門	入谷純	
8	国際経済学入門	浦田秀次郎	
15	経済思想	八木紀一郎	
16	コーポレートファイナンス入門	砂川伸幸	
22	経営管理	野中郁次郎	
23	経営戦略	奥村昭博	
28	労働経済学入門	大竹文雄	
29	ベンチャー企業	松田修一	
30	経営組織	金井壽宏	
31	ゲーム理論入門	武藤滋夫	
33	経営学入門(上)	榊原清則	
34	経営学入門(下)	榊原清則	
36	経営史	安部悦生	
37	経済史入門	山勝平太	
38	はじめての経済学(上)	伊藤元重	
39	はじめての経済学(下)	伊藤元重	
40	組織デザイン	沼上幹	
51	マーケティング	恩蔵直人	
52	リーダーシップ入門	金井壽宏	
54	経済学用語辞典	佐和隆光	
55	ポーターを読む	西谷洋介	

56	コトラーを読む	酒井光雄	
57	人口経済学	加藤久和	
58	企業の経済学	淺羽茂	
59	日本の経営者	日本経済新聞社	
60	日本の雇用と労働法	濱口桂一郎	
61	行動経済学入門	多田洋介	
62	仕事に役立つ経営学	日本経済新聞社	
63	身近な疑問が解ける経済学	日本経済新聞社	
64	競争戦略	加藤俊彦	
65	マネジメントの名著を読む	日本経済新聞社	
66	はじめての企業価値評価	砂川・笠原	
67	リーダーシップの名著を読む	日本経済新聞社	
68	戦略・マーケティングの名著を読む	日本経済新聞社	
69	カリスマ経営者の名著を読む	高野研一	
70	日本のマネジメントの名著を読む	日本経済新聞社	
71	戦略的コーポレートファイナンス	中野誠	
72	企業変革の名著を読む	日本経済新聞社	
73	プロがすすめるベストセラー経営書	日本経済新聞社	
74	ゼロからわかる日本経営史	橘川武郎	
75	やさしいマクロ経済学	塩路悦朗	
76	ゲーム理論とマッチング	栗野盛光	

〈G〉情報・コンピュータ

10	英文電子メールの書き方	ジェームス・ラロン

〈H〉実用外国語

17	はじめてのビジネス英会話	セイン／森田
18	プレゼンテーションの英語表現	セイン／スプーン
19	ミーティングの英語表現	セイン／スプーン
20	英文契約書の書き方	山本孝夫
21	英文契約書の読み方	山本孝夫
22	ネゴシエーションの英語表現	セイン／スプーン
23	チームリーダーの英語表現	デイビッド・セイン
24	ビジネス英語ライティング・ルールズ	森田／ヘンドリックス

〈I〉ビジネス・ノウハウ

2	会議の進め方	高橋誠
3	報告書の書き方	安田賀計
5	ビジネス文書の書き方	安田賀計
8	ビジネスマナー入門	梅島・土舘
12	交渉力入門	佐久間賢
14	意思決定入門	中島一
16	ビジネスパーソンのための書き方入門	野村正樹
18	ビジネスパーソンのための話し方入門	野村正樹
19	モチベーション入門	田尾雅夫
22	問題解決手法の知識	高橋誠
23	アンケート調査の進め方	酒井隆
24	ビジネス数学入門	芳沢光雄
26	調査・リサーチ活動の進め方	酒井隆
28	ロジカル・シンキング入門	茂木秀昭
29	ファシリテーション入門	堀公俊
31	メンタリング入門	渡辺・平田
32	コーチング入門	本間・松瀬
33	キャリアデザイン入門[I]	大久保幸夫
34	キャリアデザイン入門[II]	大久保幸夫
35	セルフ・コーチング入門	本間・松瀬
36	五感で磨くコミュニケーション	平本相武
37	EQ入門	髙山直
38	時間管理術	佐藤知一
40	ファイリング＆整理術	矢次信一郎
41	ストレスマネジメント入門	島・佐藤
42	グループ・コーチング入門	本間正人
43	プレゼンに勝つ図解の技術	飯田英明
45	考えをまとめる・伝える図解の技術	奥村隆一
46	買ってもらえる広告・販促物のつくり方	平城圭司

著者略歴

栗野 盛光（くりの・もりみつ）
慶應義塾大学経済学部教授。1997年京都大学工学部土木工学科卒業、2009年ピッツバーグ大学経済学部よりPh.D.取得。マックスプランク経済学研究所研究員、マーストリヒト大学経済学部助教、ベルリン社会科学研究所研究員、筑波大学システム情報系助教・准教授を経て、2018年より現職。

日経文庫 1414

ゲーム理論とマッチング

2019年10月15日　1版1刷

著者	栗野 盛光
発行者	金子 豊
発行所	日本経済新聞出版社 https://www.nikkeibook.com/ 〒100-8066　東京都千代田区大手町1-3-7 電話：03-3270-0251（代）
装幀	next door design
組版	マーリンクレイン
印刷・製本	シナノ印刷

©Morimitsu Kurino,2019　ISBN978-4-532-11414-5
Printed in Japan

本書の無断複写複製（コピー）は、特定の場合を除き、
著作者・出版社の権利侵害になります。